『看懂中国字　读懂中国心』系列

汉字中的人文之美

王元鹿　主编
俞水生　著

文匯出版社

图书在版编目(CIP)数据

汉字中的人文之美/俞水生著. —上海：文汇出版社，2013.3
(看懂中国字　读懂中国心/王元鹿主编)
ISBN 978-7-5496-0585-9

Ⅰ.①汉…　Ⅱ.①俞…　Ⅲ.①汉字—研究　Ⅳ.①H12

中国版本图书馆 CIP 数据核字(2012)第 183101 号

出 版 人 / 桂国强
丛书策划 / 张　衍
丛书主编 / 王元鹿

○看懂中国字　读懂中国心○

汉字中的人文之美

作　　者 / 俞水生
责任编辑 / 乔　聿
装帧设计 / 陈　芸

出版发行 / 文匯出版社
上海市威海路 755 号
(邮政编码 200041)
经　　销 / 全国新华书店
印刷装订 / 上海新文印刷厂
版　　次 / 2013 年 3 月第 1 版
印　　次 / 2014 年 11 月第 2 次印刷
开　　本 / 640×960　1/16
字　　数 / 179 千
印　　张 / 13.25

ISBN 978-7-5496-0585-9
定　　价 / 26.00 元

上海文化发展基金会图书出版专项基金资助项目

序

王元鹿

有一件美好的东西，日日与您为伴，日日为您服务，您却常常忽视了它的美——内在的美与外在的美，这就是汉字。

汉字是我们伟大祖国的宝贵遗产之一。如果说到汉字的特点与特色，一言以蔽之，就是美。汉字的“美”包含了使汉字得以产生与发展的客观环境的美——有物质的美、精神的美、逻辑的美、还有大自然的美。汉字的“美”也反映在汉字自身的构成与形态上。造字方法的精巧，文字姿态的曼妙，都令人赞叹不已。

汉字的“美”有其历史过程。如以甲骨文的产生为起点，汉字至少已有三千多年的历史。何况甲骨文其实还不能算是汉字的最早形态。然而，即便在甲骨文与早期金文中，我们已经可以领略其古朴与端庄，还可以理解通过其字形背后的古代社会的历史、文化与生活现象，乃至我们祖先的造字的智慧——这一切，都是美不胜收的。

今天我们使用的现代汉字，已经是几经变化的形体，多少已失去了它们的早期风貌，也不易推断出他们造字的依据。学者们的不懈努力，使我们逐步深入了解了古代汉字的来龙去脉，并进而通过古代文字的研究去搜寻我们祖先的生活状况及他们的精神风貌。可以说，从汉字看历史，又从历史来追溯汉字的渊源，既是一个科学研究的过程，又是一个欣赏文字美的过程。

必须说明的是，这套书是在参考古今许多文字学及相关学科专家的研究成果基础上写出的。限于丛书的体例，行文中引用或述及文字学专家或其他领域专家的观点与成果，一般不专门写出或注出他们的名字及这些著作的名称。在此，向这些专家致以衷心的谢忱。

美是需要去发现的。由于我们见惯并用惯了汉字，才使我们习以为常地不去注意其内部蕴藏着的美。这套丛书，就是鉴于此种情形策划设计的。从文字与文字相关的角度——语言、历史、文化、考古、文学等多个方面，全方位地挖掘并向读者展示汉字的美，是本丛书作者的美好愿望。如果读者随着我们的笔，在弄清一个个古文字的同时，进一步了解它们折射出来的中国古代社会历史与文化的方方面面，以及我们的祖先的思维特点与心路历程，这将是何等快意的事！

2012年7月写于华东师范大学中国文字研究与应用中心

Contents 目录

伦理观念 / 135

社会众生

“士”与士文化

作为世界上四大文明古国之一，中国早在春秋时期就有较为明确的社会分工意识，开始把人大致分为士农工商四类，但其次序历代有所不同。《管子·小匡》曰：“士农工商四民者，国之石，民也。”《春秋谷梁传》说：“古者有四民：有士民，有商民，有农民，有工民。”《荀子·王制篇》亦有“农士工商”的排列。明末清初学者顾炎武《日知录》曾说：“士农工商谓之四民，其说始于管子。”认为春秋时期齐国国相管仲最先定下“士农工商”的次序，后一直沿用至今。

在古代“四民”当中，商的地位最低，屈尊末位，这与封建统治者向来推行重农抑商的政策相应。那么，士的地位又为何最高，能排列首位呢？这主要与他们的特殊身份有关。

关于“士”字的造字依据，有专家有这样的看法：甲骨文中的“士”作“”；金文中的“士”字，和“王”一样，是斧钺的象形。不过，“王”是一种具有权力象征意义的大型战斧（黄金大钺），写作；而“士”则是一般的斧状兵器，写作，像是一把倒置的、有手柄的宽刃战斧。其造字本义是指手持战斧作战的武夫。金文“士”亦简写作，有意突出斧柄而淡化了斧刃。篆文则承续简略笔画的金文字形，写作，已接近后来楷书的写法。

在远古冷兵器时代，将士所使用的武器就代表了他们在军队中所处的地位。古代的斧钺为一种礼器，象征王者的权威，因此使用黄金斧钺的将帅叫“王”，而用普通战斧作战的称为“士”。后来，“士”成了古代四民之一，指农工商以外那些学道艺、习武勇的人，或称“士民”，以区别于“庶民”。

“士”，当它成为一个社会群体，是中国古代具有一定身份地位的特定阶层，后演变为对知识分子的泛称。先秦时期“士”是贵族的最低等级，位次于大夫。他们作为封建社会中最基础的贵族，同时也是最高级的百姓，其地位又在庶民之上。古代欧洲有骑士，日本有武士，而中国则有以知识分子为代表的士族阶级。因古代学在官府，只有士以上的贵胄子弟，才有条件掌握文化知识，故“士”又成了具有一定知识和技能之人的称呼。秦汉以前，“士”可谓是社会中坚力量，当时凡能通“六艺”者皆可曰士。所谓“六艺”，一般指礼、乐、射、御、书、数六种技艺；一说还包括“诗、书、易、礼、乐、春秋”六经。故《说文解字》曰“士，事也。数始于一，终于十。从一从十。孔子曰：推十合一为士。凡士之属皆从士。”训“士”为事，强调“士”是以一身而兼备文武才艺之意。

所谓“推十合一为士”，即孔子认为，有演绎和归纳能力的人才可称为士。《左传·昭公七年》孔颖达疏：“士者事也，言能理庶事也。”意思是，“士”具有管理事务的能力。刘向《说苑·修文》则曰：“安故重迁，谓之众庶；辨然否，通古今之道，谓之士。”刘向认为，安于现状不思变革的人是普通百姓；能掌握事物的发展规律，通达历史兴替的人，才称得上“士”。

春秋时代，士阶层开始出现分化。由于各国征战不休，有些卿大夫为巩固或扩张领地，想方设法招徕士众，很多士便投靠到他们那里。还有一些士为谋生，有经营工商业；或去为人办丧事，当赞礼；也有人开始从事私人讲学，传授文化知识。从此中国历史上出现了一批专门从事文化活动的人士。他们思想活跃，游学各国，为中国古代文化学术的繁荣和发展作出了很大贡献。

战国纷争，原有的社会秩序被打破，各诸侯国战争兼并更为剧烈，于是朝秦暮楚的游说之士应运而生。这种“游士”穿梭于各国之间，充当说客。其中，如苏秦、张仪等纵横家便是突出代表。他们知识丰富，思维敏捷，既能言善辩，又会揣摩当权者的心理好恶，一旦自己的政治主张难以实现时，便会另择他主。与此相应，各国权贵的养士之风也很盛行。只要有一“技”之长者，就会受到这些贵族的豢养。战国后期著名的四公子——信陵君、平原君、孟尝君、春申君，甚至不惜财力养了数千士众。当时甚至形成这样的舆论：“得士者昌，失士者亡”。可以说，这是士人最辉煌的历史时期。

孟尝君画像

引自潘勤孟改编，叶毓中绘画《孟尝君——东周列国故事》，上海人民美术出版社，1981年。

秦汉时期，士的内涵进一步发生了变化。由于统治者对“武”的限制，士便逐渐由文武合一转为偏重“文”的方面，一般多指具有较高文化素养的知识分子。汉代，士人特重名望及学识才能，一旦成为名士，功名利禄便会随之而来，故许多士人广结朋党，相互吹嘘，以沽名钓誉。东汉后期，在士人中间又开始流行清议品题人物的风气。

魏晋之际，九品中正制确立。凡由中正品评者，皆据其德行才能及家族阀阅而给予不同品第，然后授予各种官职。未经中正品评者，不得仕为品官。于是，士人又有了某种特定阶层的含义。凡九品以上官吏及得到中正品第者，皆为士，否则即为庶。士人中，又出现凭借先辈官爵得以入仕并累世为官的家族，称为士族。士族在东晋达到极盛，造成朝廷一些重要的官职往往被少数氏族所垄断。个人的出身背景对于其仕途的影响，亦远大于其本身的才能与专长，导致出现“上品无寒门，下品无望族”的现象。士族门阀制度盛行是一种特殊的社会现象，也是魏晋政治腐败黑暗的表现。直到隋唐以后，随着科举制的出现，士族才逐渐退出历史舞台。

从古到今，“士”的一大社会特征就是包括当官或不当官。古代士、仕二字本可通用。仕在金文写作，篆文作，从人，从士，本义就是做官。古人一旦当官就叫“入仕”或“步入仕途”；而那些“学而不仕者”，也皆属士的范畴。按这个特征来界定，先秦诸子百家及后来各种学术流派的代表，都可进入“士”的行列。尽管春秋战国时期养士成风，士人一度有过养尊处优的待遇，然而总体来看，中国士人的命运似乎从来就不济。当年老子西隐、孔子流离、孙子刖足、商鞅车裂、韩非囚秦、司马迁入狱，不一而足。士阶层最不幸的时期，大概要算是元代了。当时有“九儒十丐”之说，读书人列为第九等，仅居于末等的乞丐之上。有人认为当代“臭老九”一词应源于此说。

毋庸讳言，古代士林也有不少败类，但传统的士风是重品行、讲操守的。尽管士人在经济上总是处于附庸地位，人格上却极为自尊。他们重名节而轻名利并形成传统。古有伯夷、叔齐耻食周粟而饿死于首阳山；孔子则过盗泉渴而不饮。后来儒家又以修齐治平为要务，主张“达则兼济天下，穷则独善其身”。这种“士”文化传统，对后世产生了深远影响。无论是天下有道还是无道，士人们都在自觉践行着自己的人生价值。从东汉末党锢领袖李膺“高自标持，欲以天下风教是非为己任”，到东晋陶渊明“不为五斗米折腰”；从北宋范仲淹“先天下之忧而忧，后天下之乐而乐”，到明代东林党人“家事国事天下事，事事关心”；从明末顾炎武“天下兴亡，匹夫有责”，再到晚清林则徐“苟利国家生死以，岂因祸福避趋之”，无不体现了这种精神。也正是这种精神的代代相承，中华文明才得以保持了长久的生命力。

顾炎武故居
引自叶庆瑞《顾炎武故居随想》，《扬子江诗刊》2002年第6期。

士文化尽管萌生于古老的封建时代，但它刚柔并济、博大精深，充满了人性和理性的智慧。在政治清明之时，它会占据主导意识形态的地位，促进社会文明的进步；而在社会动乱之时，则往往又被边缘化。但它始终没有泯灭，一旦条件具备，又会顽强地显示出来，成为社会文明发展的推动力。这种士文化是中华民族传统文化中的精华部分，已传承了数千年，并不因古老而陈腐，反而如同美酒，愈陈愈浓。

“农”——天下之大本也

中国农业有着悠久的历史。它起源于还没有文字记载的远古时代，孕育于原始采集狩猎经济的母体之中。在炎帝之前的蛮荒时期，先民们不知耕种，只知采摘各种草木果实以果腹。在古代典籍中，有“神农氏”炎帝发明耕播工具——耒耜的记载。《易经·系辞》中有神农“斫木为耜，揉木为耒，耒耜之利，以教天下”之说；《礼记·含文嘉》也说，神农“始作耒耜，教民耕种”。此外，我们还可以从考古学上找到一些证据。如现今发现的大量新石器时代原始农业的遗址，遍布全国各地。从岭南到漠北、从东海之滨到青藏高原，尤以黄河流域和长江流域最为密集。

甲骨文中就出现了“农”字，有、、等形体，虽然写法各异，但都像手持工具耕作于山林草地间之形。在古代社会，农业关系着人们的生活生存。因此在甲骨文中，有不少关于人们祭祀“农”的卜辞。如“已酉卜即贞告于母辛叀农十月”（《殷虚书契前编》五·四八·一），“甲寅卜王叀农示帝五月”（《殷虚文字乙编》二八二），“丙午卜即贞翌丁未丁农岁其又伐”（《殷契佚存》九二四）。“农”从林，从辰，是一会意字。造字本义是垦荒耕种。古代森林遍布，如要进行农耕，必先伐木开荒，故从“林”；又古代以蜃蛤的贝壳为农具进行耕耨，故从“辰”，“辰”在甲骨文中正是蚌壳的象形。

金文“农”亦有多种写法，如《田农鼎》中作“”，《其钟》中作“”，《农簋》中作“”，等等。与甲骨文不同的是，金文“农”字多了“田”的部件，表示荒山野草中开垦出的田地。而下面（辱），有荷锄劳作之意。金文中还有比较简略的写法，减少的主要是表示草木森林的部件、，如《史农觯》中的“农”作，《田农簋》中作“”，两字都从田，从辰，其意更加明显，即在田里耕耨。篆文“农”作，将金文中的（林）写成（双手），有强调用双手进行耕耨的意思。又小篆认为从辰，同晨，取日出而作、日入而息之意。对此，《说文解字》的解释言简意明：“农，耕也”。《汉书·食货志》则曰：“辟土植谷曰农”。

在中国古代文化产生和发展的过程中，农业文化一直是最重要的基础，因为它是以满足人们最基本的生存需要（衣、食、住、行）为目的，决定着中华民族的生存方式，塑造着中华民族文化的性格特征。《汉书·文帝纪》曰：“农，天下之大本也。”晁错《论贵粟疏》亦云：“贫生于不足，不足生于不农”。正因为如此，重农抑商就成了中国历代封建统治者的经济指导思想，其主张是重视农业、以农为本。从商鞅变法的奖励耕战，到汉文帝的重农措施，直到清代初期恢复经济的调整，都是重农抑商政策的体现。

在我国现存最早的一部诗歌总集——《诗经》中，有十多篇专门描述农业生产的诗篇，充分反映了春秋时期农业生产和生活的状况。《豳风·七月》就是一首完整的农事诗。诗中依次叙述了每月所从事的农务、女工及采集、狩猎等事项。其他诸如《周颂·臣工》、《大雅·生民》、《大雅·绵》、《小雅·甫田》等等也都有反映当时农业生产的情况。

战国至西汉时，曾产生一个注重农业生产的学派——农家。《汉书·艺文志》云："农家者流，盖出于农稷之官，播百谷，劝耕桑，以足衣食，故'八政'一曰食，二曰货。孔子曰'所重民食'，此其所长也。"班固把它列为"九流"之一，并著录其代表人物与著作，如《神农》二十篇、《氾胜之》十八篇等，共九家百十四篇，但多已失传。《孟子》中载有许行其人，亦属农家学派。针对当时不少学派鄙视农业生产，许行提出贤者应与民同耕而食，饔飧而治，反映了战国时期农民的一种朴素的社会政治理想。农家对农业生产技术也有过专门总结。《管子》中《地员》，《吕氏春秋》中《上农》、《任地》、《辩土》、《审时》等篇，均为研究先秦农家的重要资料。后世《齐民要术》、《农书》、《农政全书》等著作，为先秦农家学说的继承和发展，对当时及后来的农业生产发展有着重要的影响。

农耕图　汉画像砖

引自左民安《细说汉字》，九州出版社，2006年。

大自然日、月天象对古代农业生产具有不可忽视的意义。在《尚书·尧典》中就有"乃命羲和，钦若昊天，历象日月星辰，敬授民时"的记载。古人观测天象的目的，主要在于洞察自然界的现象，发现它变化的规律，从而划定一年的季节，以合理安排农活。与具有悠久历史的农业生产相应，我国很早就产生了历法——农历。农历是中国古人根据月亮、太阳运行周期制定的历法，因其设置便于农事而得名。中国农历已经沿用了数千年，指导着华夏民族的春种秋收和作息起居。其中，蕴涵了古代先民与大自然和谐共处的智慧。

农历，俗称阴历，是与公历并行使用的一种传统历法。这种历法早在夏朝就已出现,因此又叫夏历。严格说来,农历不是真正意义上的阴历,因为它并不是只用月亮周期作计时单位,还采用了闰月,使得年周期与公历保持相等。从天文学的意义上说,中国农历是一种阴阳历。因为阳历一年约为365天;而阴历一年约354天,少了约11天。为了平衡这二者之间的差异,我们的祖先在天文观测的基础上,采用了兼顾月相和日相的阴阳历,并找出了平衡的方法:当阴历和阳历相差满一个月时,就增加一个闰月。闰月是农历的特色,是为了修正阴历和阳历的差异以保持其自身的天象规律性而设置的,所以闰月的日期并不具有节令的特点。比如,2009年有两个端午节。原来,该年农历有闰五月,推算就应有两个"五月初五",所以出现了两个端午节。按惯例,遇到闰月的农历假期一般只认第一个,所以,过完了农历五月初五的端午节,后面闰五月的这一天,人们就不再重复过节了。

端午节赛龙舟

引自彭国梁、杨里昂主编《我们的端午节》,岳麓书社,2004年。

随着近代西学东渐,公历便成为通用历法,而农历更多的是一种生活习俗的表达和民俗的传承。作为我们汉民族的传统节日,如春节、元宵、清明、端午、中秋、重阳等,当然都还是按农历来确定的。

从文化与文明的角度来审视中国古代农业发展的历程，其意蕴和价值极为深广，它既包括了诸子百家、文人士大夫等精英文化，又涵盖着大众文化的民间风俗、信仰、价值观念、性格特征等，真是包罗万象，千头万绪，不一而足。

生活中，我们自身的很多东西，也都与农业文明密切相关。比如，我们喜欢吃什么，怎么个吃法；我们喜欢住什么，怎么个住法；我们今天该干什么，如何去干；乃至我们的一言一行，一举一动，都与古代农业或者是农业文明有着千丝万缕的联系。偶尔你会发现，那些古老的文物中仍散发出清新的泥土气息；曾经读过的田园诗、劝农诗还可有另一种新的解读。你还会发现，我们平时并不在意的一些事或物，当进入到农业文明的视野之后，就可以帮助我们弄明白其中许多深奥的道理。

“工”欲善其事，必先利其器

2500 年前，孔子在《论语·卫灵公》中说：“工欲善其事，必先利其器。”意为一个做工的人，要想做好一件事，少不了先要准备好合适的工具。这成了一句后人经常引用的格言，因为它包括了谁都懂得的生活道理。与其事理对应的，民间有这样一句俗语：“磨刀不误砍柴工”。要想砍柴没刀不行，光有把钝刀也不行，所以工匠在做工前先要打磨好工具，操作起来才能得心应手，以达到事半功倍的效果。砍柴是这样，做其他工作也同样如此。

巧合的是，作为一象形字，甲骨文中“工”的字形正是像刀斧一样的工具，写作，其上部一头是“丁”形手柄，其下部就是表示类似刀斧的刃部，可用来砍削。在甲骨文中，也有手柄与刀斧部件互相调换的“”字，亦有简略地写成“I”之形。一说“工”为曲尺。杨树达《积微居小学述林》曰：“工为器物，故人能以手持之。……以字形考之，工象曲尺之形，盖即曲尺也”。在卜辞中，“工”常用来表示贡献的“贡”。如“其兄，工父甲三牛”（《殷契拾缀》三八九），“工乙豼”（《殷虚文字乙编》九〇三七）；也有用“工”来表示贡纳者，如“戉其㞢工”（《殷契佚存》七）。这说明在甲骨文时代，工、贡两字为同一形体，后来为了区别，才把用作贡献、贡纳义的“工”写作“贡”。

明・唐寅《采桑图》

金文“工”写作工，其造型显得更为形象直观。从甲骨文到金文，“工”的造字本义就是像刀斧、曲尺一类的工具。金文亦有“工”的简化字形，写作工。篆文则承续甲金文的简略字形，写作工，与我们现在的写法已经相同。

“工”由工具本义，后来引申为“做工的人”，再引申为“精巧”、“善于”等意思。“工”字作为部首，在汉字中凡由“工”所组成的字，大多与工具或技巧、技能等有关，如巨、巧、功、式、左等字。其中，“工”为“巨”字初文，“巨”为“矩”之古字。“巨”字早期金文作[illegible]。工（工），器具；又（又）用手抓；大（大），工匠。本义即为工匠手里用来划直线的工尺，引申义则为一般的行为、思想等方面有所依据。

“工”字从工具的本义引申为手操工具干活的人，应是很自然的。如《左传・隐公十一年》：“山有木，工则度之。”这里的“工”即指伐木的“工人”。先秦时也有直接称“工人”的。如《国语・周语中》：“周之秩官有之曰：

敌国宾至，关尹以告……廪人献饩，司马陈刍，工人展车。百官以物至，宾人如归。”《荀子·儒效》：“设规矩，陈绳墨，便备用，君子不如工人。”而古代所说的“工女”则是专指采桑、纺织的妇女。如南朝鲍照的《咏采桑》：“季春梅始落，工女始蚕作。”就是说，春末梅花开始凋落了，养蚕的少女开始采桑了。

工人做工要细致而精巧，活做得精致了，就是能工巧匠。故《说文·工部》曰：“工，巧饰也。象人有规矩也。与巫同意。凡工之属皆从工。”徐锴注：“为巧必遵规矩、法度，然后为工。否则，目巧也。巫事无形，失在于诡，亦当遵规矩。故曰与巫同意。”韩愈《进学解》云“子云相如，同工异曲”，意谓西汉杨雄（子云）和司马相如，虽然文风不同，但都有非常高超的艺术技巧。其中的“工”就是精妙、工巧的意思。姜夔《扬州慢》词：“纵豆蔻词工，青楼梦好，难赋深情。”所谓“词工”，即词写得精妙、出色。与此相应，“工”还有善于、擅长之意。如《韩非子·五蠹》：“工文学者非所用”；《古诗十九首·上山采靡芜》：“新人工织缣，故人工织素。”又如成语工于心计、工于筹划等。

古代有“百工”之称，但在不同时期、不同场合有不同含义，需细加辨析。西周时对从事各种手工业劳动的奴隶统称“百工”。如《伊簋》铭文：“官司康宫王臣妾百工。”春秋以后仍沿用，并成为各种手工业工人的总称。如《论语·子张》：“百工居肆，以成其事”；韩愈《师说》：“巫医乐师百工之人，不耻相师”。“百工”又是古代官吏总称，犹言“百官”。《尚书·尧典》曰：“允厘百工，庶绩咸熙。”孔颖达传：“工，官也。”后又专指主管营建制造等事的官。《考工记·总序》：“国有六职，百工与居一焉，……审曲面势，以饬五材，以辨民器，谓之百工。”郑玄注：“百工，司空事官制属……司空掌营城廓，建都邑，立社稷宗庙，造宫室车服器械。”这种官吏，都与工人所从事的营建制造之事相关。

作为中国古代“四民”之一，“工”一般泛指工匠，主要是从事手工制造者。《淮南子·齐俗训》曰：“是以人不兼官，官不兼事，士农工商，乡别州异，是故农与农言力，士与士言行，工与工言巧，商与商言数。”与士、农、商相比，“工”的作用是显而易见的，它直接创造了人们所需要的各种生活生产的产品。中国古代工业不发达，除开采、冶炼有一定规模外，其余则以手工作坊形式为主，而作坊一般又有较多的技艺高超的工匠，为人们提供生活必须的物质资料。

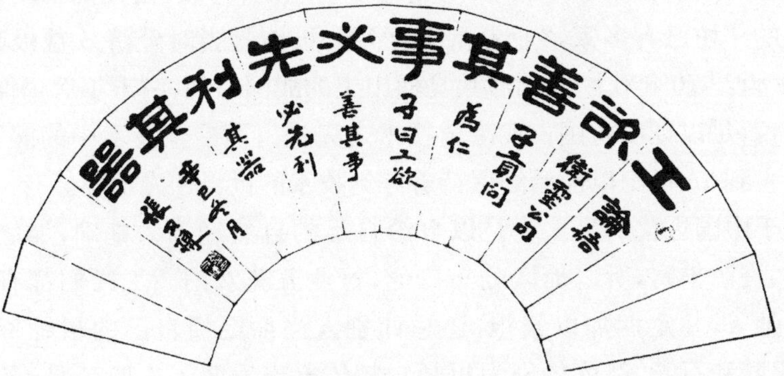

张又栋书法作品

引自杨再春《书法章法技巧》，北京体育大学出版社，2010 年。

手工制造业作为古代中国经济结构的重要组成部分，它产生于古代自给自足的自然经济形态的特定环境中。早在原始社会后期，中国的手工业就已从农业中分离出来，开始成为独立的生产部门。随着社会的不断进步，手工业也得到了相应的发展，其种类、规模、工艺水平和经营形态都在不断丰富和提高。商周时期出现了“工商食官”制度，政府设有专门的机构和官员来管理和监督手工业生产。春秋时，随着农业生产的扩大，铁器的使用，手工业也得到了很大的发展。《管子》一书曾将当时手工业作了详细的分工，还主张从事相同工种的工匠住在一起，以便交流，让工匠世代都做一种技术，以便更好地继承推广。战国时期，社会变革，开始出现民营和家庭手工业。此后官营、民营和家庭手工业，就成为中国古代社会手工业生产的三种经营形态。自战国以降，随着私营手工业的兴起，手工业者日益成为商品生产中的主要角色。

古代中国手工业的先进技术和工艺一直令人叹为观止。中国历史上大量的发明创造都与手工业生产有关，如造纸术、印刷术、火药等；而陶瓷、纺织、漆器等精湛工艺水平更是人所共知的事实。以炼铁业为例，凡耕作农具、作战兵器、交通工具以及生活炊具、刀剪等都需要铁器制作，中国古人早已掌握并运用铁器的生产技术。《史记·货殖列传》载，公元前240余年，我国炼铁的作坊已有多家，“业者富至巨万”，可谓是当时经济效益极高的“企业”。上世纪70年代陕西临潼兵马俑出土的战国刀剑，两千年后仍保持着光亮和锋锐，足以证明我国古代冶金技术之先进。而冶金技术中的灌钢法，使中国一直到16世纪以前始终保持着炼钢技术的世界领先地位。

由于中国古代的手工业是以自给自足的自然经济为基础，加之中国幅员辽阔、资源丰富，所以地区分布广泛，行业五花八门。工匠们都有自己崇拜的祖师爷，并定期加以祭祀，还忌讳别人当面贬损自己的祖师爷。如木匠、泥水匠和石匠，都尊鲁班为祖师。相传鲁班发明了木匠工具，又创制攻城的云梯和磨面粉的石硙等。旧时，每逢鲁班生日的农历五月初七，工匠们都要按工种分头祭祀他们的祖师，并祈求祖师保佑自己四季平安。

古代“商”人面面观

中国传统社会历来有“四民”之说，而所谓“民”，就是“士”、“农”、“工”、“商”，由他们组成传统的“四民”社会。其中，“士”为“四民”之首，“农”、“工”居中，“商”的地位最低，屈尊末位，这与封建社会统治者向来推行重本（农）抑末（商）的政策相应。《汉书·食货志上》：“士、农、工、商，四民有业：学以居位曰士，辟土殖谷曰农，作巧成器曰工，通财鬻货曰商。”南宋叶适《留耕堂记》：“四民百艺，朝营暮逐，各竞其力，各私其求。”

“商”字在甲骨文中有写作□或□，也有增加□的字形，写作□、□。围绕其甲骨文字形，有多种解说。一般认为，其主要用法是表地名，如“大邑商”（《殷契拾缀》一八二），据说是今天商丘一带，在商的地界里。又如卜辞“贞王于八月入于商”(《殷契佚存》九三八),“戊辰卜出贞商受年十月”(《铁云藏龟之余》八·一)。一说“商”像古代一种双柱、大腹、三足的酒器,本义当为酒器,是觞的象形本字。原始的商部族头领经常饮酒,因此偏爱酒器,可能选取酒器作为部族地名。以后发展壮大成为方国名。如卜辞“癸巳王卜贞旬亡祸在二月王来正人方在商啚”(《殷契拾缀》一八九)。一说“商”字的本义是刑具。其字形上面(辛),表示刺刀;下面(穴),表示地牢,二者都与刑罚有关。若中间再加一“口”字,则有论罪量刑之意。此外,“商”还可表示人名,如卜辞中载有“呼商”(《殷虚书契前编》七·一九·四),“子商”(《殷契粹编》一二三九)等。

“商”字金文作,篆文为,都承续了甲骨文字形。隶书写成,将篆文的“辛”变为“立”。历史上,夏人建立了最早的农业制度;商代则开始了最早的贸易交流。

《说文解字》曰:“商,从外知内也。”指从外面估测里面的情况。从这一解释看,“商”好像与做买卖没有什么关系,令人费解。段玉裁《说文》注:“汉律志云:商之言章也。物成熟可章度也。”原来,先秦时“商”字通“章”。如《荀子·王制》:“修宪命,审诗商”,这个“诗商”就是“诗章”之义。古汉语中“章估”,即商估,有衡量、估价之意。颜师古《匡谬正俗》卷七:“所云章估者,即商估也,谓度其贵贱,当其大小所堪尔。”《易·兑卦》九四:“商兑来宁”注:“商量裁判之谓也。”《广雅》曰:“商,度也。”度亦估量。

商业行为全凭商人对货物的估价、估算来经营,因此,“商”字后来就引申为从事买卖的人——商人。如《左传·僖公三十三年》:“郑商人弦高将市于周。”又引申为与经商有关的事业——商业。如《史记·货殖列传序》:“商不出,则三宝绝。”商贾的行为,当然要讨价还价,这与“商”的主要字义相合。随着古代商业越来越发达,人们愈加感到在商业行为中彼此商量的重要。

“商”,简单地说就是做生意,不从事直接的生产活动,主要表现在服务业、商品贸易、交通运输等方面。虽然“商”并不能给社会创造实在的产品,但是它却通过贸易交换等方式,合理地配置各种产品,又通过市场交易,使商品按一定价格得以流通。这就成为了古代经济的一个重要环节。可以说，商业间接地促进了社会的发展、技术的进步、生活的改善。

在古代，“贾”（gǔ）与“商”，都是指商人。但在西周末期之前，还没有商人之“商”的称谓，都是说“贾”。到了春秋战国时代，才把“商”字作为商业行为及商业行为者的代称。“商”和“贾”，在古代可以合称，如《孟子·梁惠王上》：“商贾皆欲藏于王之市”，但更多是加以区分的。运货贩卖的叫“商”，囤积取利的叫“贾”，故有“行商坐贾”之说。《周礼·天官·大宰》：“九职，六曰商贾，阜通货贿。”注：“行曰商，处曰贾。”后互为通用。在今天的现代汉语中，“贾”字意义已全部被“商”字代替，很少使用了。

中国历史上，商代先民最早善于经商，后世将经商的人称为“商人”，于此可能也有相关。日本汉学家镰田重雄在他所著的《汉代社会》中说：“商人的商，本来用作地名和国号，殷王朝置都于商，故谓之商。周亡殷后，这些散在诸侯国的殷遗民，习惯上称为商人。”商朝以贝作为货币，有海贝、骨贝、石贝、玉贝等。商朝都城成为繁华的商业城市，《诗经·商颂·殷武》有“商邑翼翼，四方之极”之称。

到了西周，商业已成了不可或缺的社会经济部门。当时在“工商食官”的制度下，商业由国家垄断。在商业交换中，主要的货币仍然是贝，但铜也被用作交换。铜本身是一种重要的商品资源，同时也担负着货币的职能，后来发展为铸造铜币以取代原来的贝币。春秋战国时期，出现许多商品市场和商人，商业由官府控制的局面也被打破。许多城市成为繁华的商业中心，如齐国临淄、赵国邯郸等。还出现了许多有名的大商人，如春秋后期的范蠡和战国后期的吕不韦等。

陶朱公范蠡

引自孙立群《范蠡：从政治家到商圣的智慧》，《人民论坛》2009年第3期。

古代商业在唐宋时有了极大发展。唐代除都市商业发展外，农村集市贸易也开始出现，为商业服务的柜坊（类似后世的银行）和飞钱（类似后世的汇票）相继问世。宋代由于商品种类增加，出现了世界上最早的纸币“交子”，商税也成为朝廷的主要财源。明朝中后期，商业再次繁荣。当时的江南苏杭一带成为商业中心。明清时期，还出现跨地域从事远程贸易和金融服务的商业组织——商帮，实力最强最有代表性的是徽商和晋商。

清明上河图（局部）
引自《故宫博物馆藏清明上河图》，天津人民美术出版社，2000 年。

尽管古代商业曾有很大的发展，然而，商人的地位却始终处在社会的底层。“士农工商”是传统中国社会的核心结构，这一结构中的“商”，实质上一直处于社会的边缘，并为主流社会意识所排斥。对此，清人唐甄说得很清楚：“民之为道，士为贵，农次之，惟贾为下。贾为下者，为其利也，是故君子不问货币，不问废绌”（《潜书·食难》）。传统观念认为，商人“重利轻义”、“见利忘义”，乃至“利令智昏”。这种观念的流行，既与历代“重农抑商”的基本国策有关，又与儒家奉行的“义利观”相连。

传统社会中，“商”的经济内涵决定了“商”阶层的社会地位。尽管如此，我国人民在长达几千年的商业实践中，不光积累了丰富的社会物质财富，也形成了富有民族特色的商业文化。如爱国守法、诚实守信、货真价实、童叟无欺，以及乐观时变、多谋善断等具有商业道德观念和策略思想。这些，都是值得后人去加以总结和发扬的。

为国为民，“侠”之大者

侠

十年磨一剑，霜刃未曾试。

今日把示君，谁有不平事？

这是唐代诗人贾岛的《剑客》诗，诗题一作《述剑》。诗人以剑客的口吻托物言志，着力刻画了古代一位剑客的形象——路见不平，拔刀相助，借此抒发自己兴利除弊的政治抱负。这首诗语言明白流畅，直吐胸臆，乃贾岛生平第一快诗也。

剑客，即古代的侠客。作为中国古代社会中的一道特殊风景，我们很难从史书中找到他们的身影，然而，他们却活跃在文人的诗赋里，保存在人们的记忆中。历史上，侠客们那种扶危济困的仗义之举，早已融入了中国传统文化的血液，聚成了一副侠肝义胆，并且积淀成为中国人心目中的一种文化原型。从梁羽生、古龙、金庸和他们笔下的各色侠士，再到现在网络文学中庞大的武侠世界，成了当今很多年轻人寄托梦想的地方。

甲骨文、金文中皆无“侠”字。篆文写作，(人)，(夹)，挟持。“侠”字从人，夹声，“夹”，既是声旁也是形旁。隶书写作，将篆文的简化成。实际上“侠”的初文就是“夹”。甲骨文“夹”字写作，像在一个大人的两腋之下夹着两个小人。金文写作，篆文作，均承续了甲骨文字形。《尚书·梓材》：“先王既勤用明德、怀为夹、庶邦享”。《一切经音义》云：“夹，辅也。”

侠者，夹也。“侠”的本义是以力辅人的意思，后来才变为指尚武重义、急人危难的任侠之人，同时其原意仍被沿用。《说文解字》曰：“侠，俜也。从人，夹声。”又曰“俜，侠也。三辅谓轻财者为俜”。“俜”之所以假借为“侠”，在形、义上和作为剑的别称的“铗”不无关系。《说文》段注云“经传多假侠为夹，凡夹皆用侠”。因此，有学者认为，“侠”字在形、义两方面都可能从“铗”字转化而来，侠乃“挟铗之士”也，故后来侠客又称剑客。古代“侠”本通“挟”、“夹”二字。《淮南子·道应训》：“还反度江，至于中流，阳侯之波，两蛟侠绕其船。”此“侠”即“夹”也。唐颜师古注《汉书·季布传》“为任侠有名”一句曰：“任为任使其气力。侠之言挟也，以权力侠辅人也”，将两种意思联系了起来。

“侠”字频频出现于战国晚期，是当时“养士”之风盛行的产物。后人对侠的了解，最初可能来自《韩非子·五蠹》：“儒以文乱法，侠以武犯禁，而人主兼而礼之，此所以乱也。”韩非崇法，故既菲薄习文的儒生，又鄙视弄武的侠士。在早期的武侠人物中，著名的有晋国的豫让，吴国的专诸、要离，齐国的聂政，卫国的荆轲等。他们并不全都精通武艺，但经历却非常相似。最初他们都是蛰伏民间下层的豪杰或游侠，后来受到权贵的赏识而加以豢养，于是，他们为了报知遇之恩而不惜舍身赴难。如荆轲受燕太子丹派遣，带着燕国督亢的地图，佯装献地请和，欲乘机劫持或刺杀秦王政。但刺杀没有成功，荆轲反而被杀。“风萧萧兮易水寒，壮士一去兮不复还。”荆轲行刺失败却名闻天下，这短短的两句诗也成了千古绝唱。

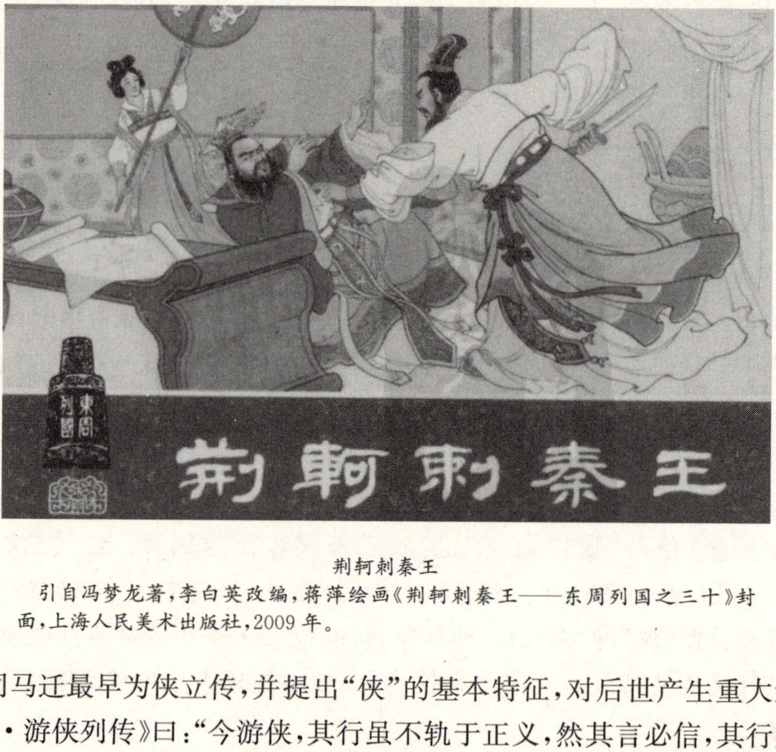

荆轲刺秦王

引自冯梦龙著，李白英改编，蒋萍绘画《荆轲刺秦王——东周列国之三十》封面，上海人民美术出版社，2009年。

司马迁最早为侠立传，并提出“侠”的基本特征，对后世产生重大影响。《史记·游侠列传》曰：“今游侠，其行虽不轨于正义，然其言必信，其行必果，已诺必诚，不爱其躯，赴士之厄困，既已存亡死生矣，而不矜其能，羞伐其德，盖亦有足多者焉！”这段话既为游侠鸣发不平，同时也对“侠”的内涵作了清晰的概括。在司马迁心目中，“侠”不仅所指社会上的一类特殊人物，而且所涉人的一种特殊性格和品质，具有此种性格品质并在行为上有所表现者，无论身份如何，均可谓“侠”。

司马迁的这个观点，富有创意。侠或非侠，不仅是对社会人物的分类，也是对人性的一种评判。侠气或曰侠性，乃是人性的一个方面而已，在不同时代、不同处境和不同地位的人，可以有不同的具体表现。比如孟子所谓的“富贵不能淫，贫贱不能移，威武不能屈”的大丈夫者，尽管身份不同，称呼不一，其本质都不离一个“侠”字。后世所称的“侠”，武侠虽占了主流地位，然而中国人从来不提武侠文化，而说的是侠文化。因为那种没有正义感、不顾及他人的人，不论有多么高超的武功，也为真正侠客所不齿，甚至不被称之为“侠”；而那些并没有什么武艺，可是为人正直、乐于助人者，却可以被称之为“侠”。班固《汉书》也有《游侠列传》的记录，但东汉以后，史家不再为游侠立传，所以，历史上的侠早已隐去了他们的身影。

古代侠客，给人印象最深的就是仗义而行。“侠义”或“义侠”，二者须臾不可分离。道义人格，虽不是侠所独具，但古代任侠之士都特别强调“义”，成为他们人格中不可或缺的重要组成部分。侠士忠于自己的道义责任，言出必行，行必有果，即使付出生命，也在所不惜。这种侠义精神，是对当时弱势群体的关注，对自然法则中存在的正义和平等的肯定，也是“义”字本义的生动体现。因而符合中国人朴素的价值观。

“侠”代表着社会的正义，承载着人们的理想。每当民族危亡之际，总有一批爱国志士出现，此乃大侠也。新派武侠小说代表金庸，在《射雕英雄传》中，借大侠郭靖之口说出了他的侠义观：“为国为民，侠之大者。”这里的“大侠精神”，就是侠义传统与儒家伦理价值标准相结合的产物，是成熟完整的侠义精神。具有这种精神的武侠形象，则成为读者理想中最完美的英雄形象，千百年来一直受到广泛的的尊重。

在中国近代史上，人们再一次看到了大侠的身影。谭嗣同、秋瑾，还有许许多多为了中国的前途命运而不懈奋斗的爱国志士。他们用生命贯彻着自己心中的正义，反抗着社会制度的种种不公。提起谭嗣同，人们就会想到他的“我自横刀向天笑”的绝命诗。谭嗣同一生推崇古代墨家任侠尚义的精神，而他最后也用殉道的方式，完成了自己的“侠客行”。秋瑾，别号鉴湖女侠。当她目睹国势危急，清廷腐败，便立志献身救国事业，曾东渡日本，志在革命，后不幸殉难。孙中山特撰挽联：“江户矢丹忱，重君首赞同盟

谭嗣同
引自孙建华《漫步名人故地》，
中国社会科学出版社，2005 年。

会；轩亭洒碧血，愧我今招侠女魂。”在谭嗣同、秋瑾的身上，古老的侠义精神又绽放出了耀眼的光芒。

当年，韩非子的一句“侠以武犯禁”，将古代侠文化与法律文明置于对立的位置。历史上关于这个问题自然有着截然不同的看法。有人认为侠客们不过是一群偏执于狭隘的报恩和复仇的亡命之徒，而更多的人将他们看作是不惜触犯禁忌来谋取公平正义的豪杰。在现代法治社会中，侠已不再具有生存的空间，然而作为人们心中公平正义的一种象征，侠文化精神还会依旧长期存在。

“君”与君子风度

西方人讲究绅士风度，具有这种风度的人，都注意自己的仪容举止，姿态优雅，给人留下彬彬有礼和富有教养的印象。中国人讲究的是君子风度，自古以来，在人们赞美的言辞中，君子风度，往往是对人的一种高贵气质的肯定。按中国师道之祖孔子的说法，“质胜文则野，文胜质则史。文质彬彬，然后君子。”(《论语·雍也》)即一个人的言行举止必须文质兼具，方可成为君子。而君子风度的养成，一方面是自我修养的结果，另一方面也是长久的文化积淀熏陶的结果。

君子，在古人眼中是内外兼修的楷模，文质彬彬，但是并非不食人间烟火。孔子的弟子子夏曾说：“君子有三变，望之俨然，即之也温，听其言也

引自蔡志忠《蔡志忠漫画集》(《论语》篇)，三联书店，1992 年。

厉。”(《论语·子张》)意思是说，随着接触距离的变化，君子给人的感觉也有所不同。远远望去，好像端庄肃穆；接近之后，感觉和蔼可亲；等到听其说话，则严厉而有理性。这就是古代那种感情丰富又具有风度的君子形象。

甲骨文“君”字写作。，表示权杖；(又)，用手抓；(口)表示用嘴说。三者相合，表示手执权杖又口中发号施令的意思。在卜辞中，“君”的用法不一，有用作人名的，也有用作官职名。如“甲申卜亘贞君求于大甲”(《殷契佚存》三二)，“癸未卜争君贞旬亡祸”(《殷契粹编》一四二四)，两处中的“君”都是人名。而关于“辛巳卜贞多君……”(《甲骨续存》一·一五〇七)中的“多君”，有学者认为是殷商时期的官职名，与多尹、多公、多臣意义相同。

金文“君”写作、、、等形体，写法上将甲骨文的手和权杖连写为。篆文则承袭金文字形，写作。《说文解字》曰：“尹，治也。从又丿，握事者也。”又曰：“君，尊也。从尹，发号，故从口”。以此会意，“君”即指统治民众的一国之主，后又引申为对人的尊称。

“君”，原指古代各级占有土地的统治者。《仪礼·丧服》曰：“君，至尊也。”郑玄注：“天子、诸侯及卿、大夫有地者皆曰君。”后特指古代国家最高统治者，俗称君主、国君。《尚书·大禹谟》曰：“皇天眷命，奄有四海，为天下君。”亦可用来称呼神灵，如《楚辞·九歌》之“云中君”（云神）、“湘君”（湘水之神）。

古代有“清君侧”之说，就是指清除国君身旁的奸臣小人。在中国古代，君王至高无上，但其身边总是围绕着许多小人，如后妃、宦官、外戚等，这些人善于阿谀逢迎，处心积虑讨好君王，以为自己图谋私利。“清君侧”这个提法，最早见于《公羊传·定公十三年》：“此逐君侧之恶人。”历史上最著名的“清君侧”，要推西汉“七国之乱”时发生的“清君侧，诛晁错”事件。当然，史学家对此自有不同看法。

“君”，后亦用来称天子、诸侯之妻。韩愈《黄陵庙碑》云：“尧之长女娥皇，为舜正妃，故曰君。”有时用作对对方的尊称，亦可用在人姓名后表示尊敬。唐罗隐《酬章处士见寄》诗：“中原甲马未曾安，今日逢君事万端”；《史记·张仪列传》载：“张仪曰：‘嗟乎，此在吾术中而不悟，吾不及苏君明矣！’”古代妻子尊称丈夫时亦常用。如古乐府《孔雀东南飞》：“十七为君妇，心中常苦悲”。而丈夫为表达对妻子的爱意，也有这样相称。李商隐《夜雨寄北》诗：“君问归期未有期，巴山夜雨涨秋池”。

君子，则原本是春秋时对贵族男子的通称。《尚书·无逸》：“君子所其无逸。”孔颖达疏引郑玄曰：“君子，止谓在官长者。”又《诗·魏风·伐檀》：“彼君子兮，不素餐兮！”所言君子，直指那些奴隶主。古代君子与小人相对。《国语·鲁语上》：“君子务治，小人务力。”这里，君子指当时的统治者，小人指被统治者。春秋末年后，“君子”与“小人”逐渐成为“有德者”与“无德者”的称谓。“君子”一词便被引申到对道德、学问修养极高之人的统称。班固《白虎通·号》：“或称君子何？道德之称也。君之为言群也；子者丈夫之通称也。”王安石《君子斋记》：“故天下之有德，通谓之君子”。

在传统儒家思想里，君子一词明显具有伦理道德意义的色彩。《周易》：

“天行健，君子以自强不息”（乾卦）；“地势坤，君子以厚德载物”（坤卦）。意谓：天宇的运动刚劲强健，于此相应，君子应刚毅坚定，发愤图强；大地的气势浑厚朴实，君子应增进美德，容纳万物。这句名言，可谓是君子为人处世的人生方法，一直激励着后人既自强不息，又虚怀若谷。

君子风度固然可贵，但亦不能过于清高。君子也需了解和适应世俗的生活。这样，才能在保持人格力量的同时，从容应对各种挑战。即如子夏所言“君子有三变”，不能应变，就会显得呆板。这样的君子虽然可贵，但不会可爱，因为君子风度和迂腐是不能划等号的。有时，对付小人还得借用小人之法，即以其人之道，还治其人之身。我们熟悉的典故“请君入瓮”，既反映了唐朝酷吏的残忍，也教会君子一种以牙还牙的方法，同时告诫小人不要作法自毙。

古代文人推崇君子之风，并把它与艺术创作结合起来。中国画的传统题材中，向以梅、兰、竹、菊谓“四君子”。千百年来，梅兰竹菊以其清秀淡雅的品质，一直为世人所喜爱，成为一种人格品性的文化象征。“四君子”题材始终伴随着中国花鸟画的发展。究其原因，这与历代文人墨客、隐逸君子的赏识不无关系。这里反映的不仅是由于“四君子”本身的自然属性之美，更重要的是，古人把一种人格力量和文化的内涵注入到它们身上，以此寄托理想，实现自我的人格追求。

雪梅

引自陈大章《梅花双清图・国画》，《中华诗词》2011年第6期。

可能现实生活中有着太多的无奈和失望，古人又发挥高度的艺术想象力，虚构了一个理想中的礼让之邦——君子国。《山海经・海外东经》曰：“君子国在其北。衣冠带剑，食兽，使二大虎在旁。其人好让不争。”《淮南子·墬形训》亦载：“东方有君子之国。”受此启发，清代李汝珍所著《镜花缘》小说，也有一个“君子国”的形象描写。此国中，“耕者让田畔，行者让路。士庶人等，无论富贵贫贱，举止言谈，莫不慕而有礼”。在君子国的市场交易中，买卖双方有时也会发生争执：卖方力争是要给买方上等货，却只愿接受低价；买方力争的是要拿次货，却要付出高价。这样的国民，真不愧“君子”二字。这样的一个君子世界，当然也是我们所向望的。但这只是一个神话传说的演绎而已，它是那样的美好淳朴，却又是那么的遥不可及。

此後非彼“后”

在古代封建社会中，人们习惯把皇帝称为“君父”，把皇后称为“国母”。然而“后”这个字，最初并不专指特殊的女性——帝王之妻，而是指特殊的男性——帝王。夏商时期，最高统治者夏王和商王都曾称为后。《诗经·商颂·玄鸟》曰：“商之先后，受命不殆，在武丁孙子。”郑玄笺：“后，君也”。对此，一般人已不大知道，有时难免会望文生义。

“后”是一个很古老的汉字。在甲骨文里，它有被写作，像女子生育婴儿的形状。上面（人），代母体，下面（子），表示降生的婴儿。也有加三点的字形，如“”，有学者指出这三点代表生孩子时产生的水液，这个字形与“毓”的意思是一样的。“后”亦有简写形式，作或，像手在口上发号施令的样子。

金文“后”写作后，篆文基本承袭了金文写法，作后，仍有表示发号施令之意。综合甲骨文的不同写法可知，“后”作为上古时代帝王的称谓，如“后稷”、“后羿”等，应带有母系社会生殖崇拜的痕迹。正如《说文解字》中所说：“后，继体君也，像人之形，施令以告四方，发号者，君后也。”

在西周以前，“后”都是帝王的称号，而帝王之妻则称为“妃”。《尚书·汤誓》中“我后不恤我众”，“后”就是指商王成汤。《左传·昭公二十九年》：“龙一雌死，潜醢以食夏后。夏后飨之。”“夏后”亦是指夏王。从周朝开始，帝王之妻由“妃”改称为“后”。西周的最高统治者称为王，王的第一配偶就是王后。如《礼记·曲礼下》：“天子之妃曰后。”“妃”本指配偶，这里是匹配的意思。“天子之妃”为何称作后？班固《白虎通义·嫁娶》云：“天子之妃谓之后，何？后，君也，天下尊之，故谓之后。”由于“后”在夏商时与君主等同，才被借用为“天子之妃”。当然，此“后”是作为天子之妻才受到尊崇的。秦始皇统一天下后，自以为功高三皇，德过五帝，因此把传说中的三皇五帝合而为一，自称皇帝。秦始皇的正妻也就由原来的王后尊称为皇后。

古代封建社会等级森严，所谓“天有十日，人有十等”，不同等级人物的妻子，就要有不同的名称来体现其身份。如庶人之妻为妇人，大夫之妻称孺人，诸侯之妻曰夫人；天子最为尊贵，其配偶也最尊贵，故称后。《汉书·外戚传上》：“汉兴，因秦之称号，帝母称皇太后，祖母称太皇太后，适称皇后，妾皆称夫人。”颜师古注：“适读曰嫡。后亦君也。天曰皇天，地曰后土，故天子之妃，以后为称，取象二仪。”二仪指的就是天与地、阴与阳，帝王代表天和阳，皇后则代表地和阴。屈原的名作《橘颂》，开篇首句为“后皇嘉树”，这里的“后”即指“后土”，也就是“皇天后土”的“后土”。

皇后作为后宫之主，后宫中所有的妃嫔、女官、宦官、宫女都得听命于她。皇后或皇太后不仅可以掌管后宫事务，在特殊情况下，还可以参与甚至主持朝政。例如在皇位继承问题上，当遇到皇帝无子，皇统将要中断时，皇太后可以选择皇位继承人，执掌废立大权。有的皇后或皇太后还以种种借

武则天

引自孙建华《漫步名人故地》，中国社会科学出版社，2009 年。

口，临朝称制。典型如武则天，唐高宗时为皇后，唐中宗和唐睿宗时为皇太后，后来自立为武周皇帝(690—705)，改国号“唐”为“周”。武则天是中国历史上唯一一个正统的女皇帝，也是继位年龄最大的皇帝，67 岁才即位，又是寿命最长的皇帝之一，享年 82 岁。

历史上不是所有皇后都能得到如此殊荣，也有许多不幸皇后被废黜。在君权至上的封建时代，因为某些原因，如君主喜新厌旧而对皇后感情淡薄；皇后无子；皇后自身过失或亲属犯罪等，即有加以废除。被废的皇后或授予较低级别的位号，或软禁宫中而没有任何称号，甚至还有被赐死的例子。如三国魏文帝甄皇后不仅贤德，而且文才出众，其《塘上行》堪称乐府诗歌的典范，脍炙人口。黄初年间，魏文帝曹丕新纳的宠妾郭氏为谋夺后位，多方谗言，诬陷甄后埋木偶诅咒文帝。曹丕居然听信了郭氏的话，一怒之下，勒令甄氏服毒自尽。

一个“后”字，不管代表男性——帝王，还是代表女性——皇后，都带有神圣的光环，因为它是最高权力的化身。但时过境迁，随着一个个封建王朝的倒塌，“后”字原有的光环早已消失，现在竟然改穿了“後”字平民的外衣。

“后”和“後”本是两个不同的字，意义差别很大。“君王”、“君王妻子”两个义项都不能写作“後”。而“先後”、“前後”的“後”，也很少写作“后”。上世纪中期，随着简化字的大力推广，“後”一律简写为“后”，由原来的两个字合为一个字，“后”的身份也由最高的贵族变成了普通的平民。实际上，皇后的“后”并没有繁体字，前后的“后”繁体才是“後”。由此，书写虽方便了，但给人们使用和辨别也造成一些误解，甚至闹出不少笑话。曾有某获奖的书法作品将

《橘颂》"后皇嘉树"写为"後皇嘉樹"，而电视剧字幕中竟有将"慈禧太后"误作"慈禧太後"。如果说，这对于一般人还情有可原，那么，作为文艺从业者而出这样差错则是很不应该的。

"後"与"后"字同样古老。甲骨文写作，(彳)表示与走路有关；(糸)表示受牵绊之意。金文"後"作，在下加(止)，篆文承续金文字形。《说文解字》曰："後，迟也。从彳、幺、夊者，後也。""彳"像街道形，"夊"是"足"的反写，二者均表示行路之意；"幺"，段玉裁《说文解字》注："幺者小也，小而行迟，后可知矣。"造字本义是足有牵绊，故不得快速前行，是为"後"也。

《论语·雍也》："非敢後也，马不进也。"《韩非子·外储说左上》："君不亟伐，将後齐、燕。"这里的"後"都是前后的後，与上面表示"帝王"、"皇后"之"后"不是一回事，可谓风马牛不相及。古时亦有将"后"假借为"先後"的"後"，但那是属于极罕见的情况。

"後"与"后"，这是两个字源、字义截然不同的字。为了推广简化字的需要，将"後"的字义并入"后"，有时会引起书面表达上的歧义。比如说某个帝王"无后"，到底是说他还没有立皇后呢，还是指没有后嗣呢？如果没有相应语境作为参考，恐怕是很难确定的。这就需要我们在使用时注意辨析，以避免出现上述那种张冠李戴的笑话。

说“圣”人

在中国普通百姓心目中，圣人是一种人生追求的大目标，一种理想人格和智慧所要达到的最高精神境界。

今圣字繁体作“聖”，但在古代圣和聖是两个字（本文所称，皆为今简体“圣”字）。“聖”字甲骨文有作，像人头上长着大耳朵，突出其听觉的灵敏；亦有写作之形，加（口），有耳听口说之意，其重点语义在于“通”。古人以为圣者闻声知情，通于天地，所以“聖”字用有所听闻来表示。在卜辞中，“聖”常用作动词，意义与听相近。如“有聖”（《甲骨文合集》二六一），“亡其聖”（《殷虚文字乙编》六五三三）。后来，聖又发展成为闻声知情的聖者。

“聖”字金文写作“”，也有省掉下面的人形，只保留口和耳的。篆文写作，承续了金文字形。《说文解字》曰：“圣，通也。从耳呈声。”段玉裁注：“圣从耳者，谓其耳顺。《风俗通》曰：‘圣者，声也。言闻声以知情。’”。有研究者认为，在古汉字家族中，听、声和圣三字同源，开始只有一个字形，三者在意义上大同小异，都与人的听闻有关。郭沫若《卜辞通纂考释·畋游》：“古听、声、圣乃一字。其字即作耳口，从口耳会意。言口有所言，耳得之而为声，其得声动作则为听。圣、声、听均后起之字也。圣从耳口，壬声，仅于耳口之初文附以声符而已”。

按声、圣二字古相假借，段玉裁所谓“圣从耳者”，即如郭沫若所言，“古听、圣、声乃一字。”其字作耳口，从口耳会意，段注所引《风俗通》之言，正是以“声”解“圣”。另《白虎通义·圣人》云：“圣者，通也，道也，声也。道无所不通，明无所不照，闻声知情。”由此可知，圣字本为人听觉灵敏之意，闻声而知情，后来引申为对万事万物都能通达。正因为无所不通，因而能看透万事，为人处世合乎常理。至于圣贤之义，则是更后起的引申义。篆文中“圣”写作，成为下面加“王”字的“聖”，已经有了儒家伦理道德的解释内涵。从原意考察，圣应与人的智慧相近；按引申之义发挥，圣渐与人的德行靠拢。因此朱熹解释圣人，就是生活中各种德行都具备的完人了。所谓“万善皆备，有一毫之失，此不足为圣人……大舜无一毫厘不是，此所以为圣人，不然，又安足谓之舜哉”（《朱子语类》卷十三）。

繁体的“聖”字，恰到好处地体现出了古代圣人的标志和风范：做到先用耳朵倾听、再用嘴巴说话，这样才能通情达理，这样的人才称得上是圣人。以繁体聖字的造字本义而言，在古代中国，早已体现出最朴素的要求统治者倾听民意的执政理念，可惜这样的理念在其萌芽时，就被无情扼杀了！取而代之的是封建专制制度占据了中国历史长期统治地位。于是，“圣”的字义也增加了“神圣”的含义，似乎变成了王权的专利。你看，封建时代称颂帝王或与帝王有关事物的词，几乎都与这“圣”字沾上了边，攀上了亲戚。例如：圣上（皇上的代称）、圣虑（帝王的思虑）、圣裁（皇上的决定）、圣治（皇帝的治理)、圣眷(皇帝的爱护)、圣聪(帝王的听闻)、圣寿节(皇帝诞辰纪念日)、圣驾(皇帝或临朝皇后的车乘),敬称封建时代本朝则为“圣朝”、“圣代”、“圣世”等。

与历朝历代凡帝王必称圣相对,古代在民间能被老百姓称为“圣人”的,往往是对那些技艺超群或某个门类造诣极深的人的尊称,所以完全是货真价实的。明谢肇淛《五杂组·人部一》所言:“大约百工技艺,俱有至极,造其极者谓之圣。”例如:

酒圣:杜康,即少康,传说为古代酒的发明者。他创造了秫酒的酿造方法,奠定了我国白酒制造业的基础。

文圣:孔子,古代伟大的思想家、教育家,儒家学派的创始人。孔子集古代华夏文化之大成,被中国人尊为“至圣先师,万世师表”。

史圣:司马迁,我国第一部纪传体通史《史记》的作者。《史记》对后世史学和文学的发展都产生了深远影响,被后人公认为“无韵之离骚,史家之绝唱”。

医圣:张仲景,东汉著名的医学家,所著《伤寒杂病论》和《金匮要略》二书对中医学发展影响巨大。

武圣:关羽,东汉末蜀国大将,以武艺高强且重义气著称。死后受民间推崇,称为“关圣”、“关帝”。在《三国演义》中被尊为蜀汉五虎上将之首。

书圣:王羲之,东晋著名书法家。他把汉字书写从原来注重实用的目的,导入讲究技法和情趣的艺术境界。《兰亭序》是王羲之最著名的代表作。

诗圣:杜甫,唐代伟大的现实主义诗人,其《三吏》、《三别》等形象反映了“安史之乱”时的社会现实,被后人称为“史诗”。

画圣:吴道子,唐朝著名画家,擅长人物画,有“吴带当风”的美誉。他创造了笔间意远的山水“疏体”,是中国山水画之祖师。

茶圣:陆羽,唐朝人,嗜茶如命,以著世界第一部茶叶专著——《茶经》闻名于世，被民间誉为“茶仙”，祀为“茶神”。

现在，当我们又开始倡导国学，重读圣贤之书时，发现上述这些圣人还真的名不虚传，他们所作出的贡献为中华文明增添了亮丽的色彩。假设中国历史上少了这些不同领域的“圣人”，那还称得上是一部中华文明史吗？所以有人把近代中国落后的责任完全推到传统文化身上，那真是莫大的冤案！文化本身有什么错呢？错的只是使用文化的人和体制。这点应是毋庸置疑的。否则我们中华民族就不会有这么多的圣贤出现，也不会有这么悠久的文明历史代代延续。

王羲之
引自孙建华《漫步名人故地》，中国社会科学出版社，2005年。

中国有一句老话说：“人非圣贤，孰能无过？知错能改，善莫大焉。”此言原出自《左传·宣公二年》：“人谁无过，过而能改，善莫大焉”。仔细品味，这句话的精髓不在“无过”，而在“能改”。当年孔子弟子子贡说：“君子之过也，如日月之食焉。过也，人皆见之；更也，人皆仰之。”（《论语·子张》）就是说，君子不是不犯错，犯了错后不要故意藏着掖着，而是坦然地面对，就像日月之食那样人人都可看到，只要改正过后人们依然景仰他。从古到今，不管什么人，都会犯错误，聪明的人懂得事后总结教训，避免再犯同样的错误，不光人的素质得以提高，其人格也会得到升华。反之，犯了错还要固执己见，强词夺理，别说是向圣人境界靠拢，即使做普通人恐怕也是不合格了！

愿圣人的智慧之光时时照耀着我们所有的凡人。

引自蔡志忠《蔡志忠漫画集》(《老子篇》)三联书店，1992年。

宗教信仰

"天"人之间

"天"是咱们中国人最常用的汉字之一。在老百姓看来，天既神秘莫测又至高无上。

"天"字在甲骨文中已有出现，写作，下面是个正面的人形，上面突出的是人头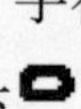；也有写作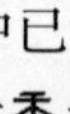之形，将表示人头的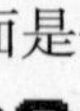改成两横指事符号，以表示头顶。"天"字在卜辞中用法不一，有表示本义的，也有表示其他意思。如卜辞"庚辰王弗疒朕天"（《殷虚文字乙编》九〇六七）中的"天"表示人的头顶；"贞辛天雨"（《殷虚文字甲编》三九一六）中的"天"是大的意思；"辛酉卜七月大方不其来"（《甲骨文合集》八七）中的"天"用来表示一地名；"贞叀万宾天命十三月"（《殷虚书契后编》下一八・七）中的"天"是一人名。由此可见，

“天”在甲骨文中是一个常用字，而且用法很灵活。

到金文“天”字写作，也有比较形象的，仍保留有人的头部特征，还有笔画较简略的写法。小篆“天”写作，意思亦仅仅是用来表示人的头顶，后来引申为人头顶以上无边的天空。隶书写作，将篆文的写成。《说文解字》曰：“天，颠也，至高无上，从一大”。从字面意义上看，“一加大为天”，天者，第一大也。所谓“国以民为本、民以食为天”的“天”就是这个意思。

天空幻景
作者2010年摄于海上。

“天”字表示头顶的意思，其实至今仍没有完全消失，譬如我们称人头顶部分的骨头为“天灵盖”，称治疗头痛的中药为“正天丸”等，正暗示了天与人头顶的关系。因为“天”表示人的头部，所以古代还有一种刑罚与“天”有关：在人的头上刺字画。《易·睽卦》：“其人天且劓，无初有终。”孔颖达疏：“黥额为天”。另外，我们都知道的一个著名的神话故事，就是刑天与天帝的斗争。《山海经·海外西经》载："刑天至此与帝争神，帝断其首，葬之常羊之山；乃以乳为目，以脐为口，操干戚以舞。"这个"刑天"之名的本义，原来就是"被砍了头"。作为勇士，刑天被砍了头还要与天帝作殊死斗争，其志向真是够威猛。难怪东晋大诗人陶渊明读到此，深受感动，特意感叹："精卫衔微木，将以填沧海。刑天舞干戚，猛志故常在。同物既无虑，化去不复悔。徒设在昔心，良晨讵可待！"后来汉字中表示人头部的意思，主要由"首"、"头"等字担当，而"天"就主要用来表示人头顶之上无穷空间的意思，并进而引申出天神、天帝、天空、天然、天赋、天性等诸多意思来。

世界上几乎所有古代民族都崇拜过天。中国古代的《易经》中有 64 卦，首卦"乾"就代表"天"。"象曰：天行健，君子以自强不息"——这是从天那里得到了一种刚强进取的人文感悟。中国古代的最高统治者自称"天子"，"普天之下，莫非王土"，所有的土地和人民都是属于帝王一人的私有家产，即"家天下"。所以刘邦一当上皇帝，便忘不了向他本是农民的家乡父老夸耀，露出了暴发户的本性。别说皇帝，连《水浒传》中那些造反不要命的绿林好汉，也要打出"替天行道"的旗号，才能聚拢人心，扩大队伍。总之，天在古人心目中既神圣而又神秘，一些最崇高的东西都要冠之以"天"的名号，如天理、天道、天意、天命、天数等。有学者认为，中华传统文化的最高境界是"天人合一"，而天是古代中华文明中的一个核心概念。

因为自然界的天与人的生存息息相关，人们即使到现在，很大程度上还是在靠天吃饭，而老天又是那么神秘莫测，所以中国古人总是以天为万物的主宰者。周武王在伐商誓师时责备纣王"弗敬上天，降灾下民"、"商罪贯盈，天命诛之。予弗顺天，厥罪惟钧。"(《尚书·周书·泰誓》)原来他这是执行上天的命令来了。《易经》(系词上篇)有一句话，"天垂象，见吉凶，圣人则之。"这是说人间的伦理秩序和道德规范都是上天规定的，体现在自然界所显示的现象中，而天象的变异则预示着祸福将随时降临人间。这里的天成了和人一样有喜怒哀乐，但又超越自然的神秘力量。这样的天，不是与人隔绝的，而是与人相通的。天与人的有机联系，其结果既显现在自然现象，也呈现于社会现象之中。

汉代的董仲舒提出“天人感应”说，更把“天人合一”的影响发挥到极至。董仲舒结合阴阳五行学说，将自然现象与社会人事加以比附，告诫国君，应懂得爱惜民力，听取和尊重民意。如果善待百姓，把国家治理好，上天就会降下祥瑞；相反，上天就会以各种自然灾害发出警告，甚至给以严厉惩罚，以致改朝换代。因此董仲舒的“天人感应”说中的“天”，显然已不是自然之天，而是有人格意志的神——精神之天。

这种思维方式扩散到民间，天便成了神仙们逍遥的地方。民间有“天上落下一颗星，地上就要死一个人”的说法。古人认为，“北斗七星（九星）”分别主管人世间不同的人事，根据所要预测的人事，来确定观察哪一颗星；根据所观察之星的光彩变化可以判断人事的吉凶。如果所观察的那颗星闪闪发亮，光芒耀眼，则主人事大吉大利；反之，如果暗淡无光或浮光遮弊，则主大凶大难。不光帝王上应天星，连文臣武将也都在天上各有自己的位置。所以，《三国演义》中对星象占验的描写特别多，诸如曹操、关云长、张飞、诸葛亮、刘备等人的死都有天象显示。在政治军事决策方面，如刘备称帝、蜀吴联盟、诸葛亮设坛借东风火烧赤壁、蜀国北伐中原等等，也几乎都附会天象占验为依据。

月中嫦娥

引自娄校堂《生活的智慧：万事溯源奇趣》，青岛出版社，2008 年。

天是古人想象力自由驰骋的疆域，也是今人知识理性探索的目标。在今天我们都知道，天是地球之外的太空，是离我们人类最大、最远、最高的地方。中华民族在很早时期产生了天文学，制订了古四分历、授时历等测算天时、天象的优秀历法。中国古人还曾用盖天说、浑天说、宣夜说等解释天的构造和形状。在科技史上，唐代信仰道教的道士在炼丹过程中发明了火药，宋代中国人又发明了爆竹和火箭。这些发明使人类飞天的梦想成为可能。火药的实用价值随着元朝的建立和东西方商路的开通才传到欧洲。明代初期，有一个叫万户的人，最早萌发了去太空遨游的奇想。他在一把椅子下安装了47枚自己发明制造的“原始火箭”，让助手将自己捆在这把椅子上，双手各执一个巨大的风筝，想在升空后靠它们来控制飞行的方向和速度，以最后安全着陆。可是在点火后，由于火药失控，发生了剧烈的爆炸，万户因此而献身。西方科学家称万户为“世界上试图利用火箭作飞行的第一人”。正因为如此，国际天文学会在对月球背面的环形山进行命名时，也专门给万户留有一个席位。

“和”为贵

2008年8月8日晚，北京鸟巢举行的第29届奥运会盛大开幕式上，有一个场景富有创意，给人留下了深刻印象。只见巨大的舞台上，孔子的弟子们手持竹简高声吟唱，而一个个活体字印刷的表演，既像古代的活字字盘，又像现代的电脑键盘，变化多端。突然，一个硕大的中国古代的“和”字出现在人们面前，紧接着变换出另一个中国古代的“和”字，然后再出现一个现代的“和”字。这一“和”字共出现了三次，其形态从篆体到宋体再到简体，用三种不同的写法向观众表现了中国汉字的演化过程，解读了中华民族的文明历史发展，也向全世界传递了中国人的人文理念——“和为贵”。

中国人自古以来就是向往"和"，追求"和"，讲究"和"的，这一古老的理念随着中华文明的延续传承至今，生生不息。

《汉字源流字典》解释"和"字为："形声字，甲骨文从龢，禾声。金文大同。古文简化，省作从口禾声。篆文整齐。隶变后楷书分别写作龢与咊。俗又改作和。今作和。"可知"和"的字形有三种："咊"、"龢"、"和"。"龢"最早见于甲骨文，"和"最早见于金文，"咊"则在小篆中才出现。

"龢"字在甲骨文中写作，金文承续甲骨文字形，写作，小篆又承续金文字形，写作。《说文解字》曰："龢，调也，读与和同"。从造字结构看，"龢"又从"龠"从"禾"，以左旁的"龠"表形，以右旁的"禾"表声，是一形声字。龠(读音 yuè)，甲骨文写作，像不同音高的管子作有序排列，是中国古代竹制的吹奏乐器，最初只有三孔，后来发展为多孔，类似今天的排箫。《说文》曰："龠，乐之竹管，三孔，以和众声也。"它的下面五竖加两横表示并排的竹管；上部两"口"是调节音律的小孔。"龢"字的本义是以手调节音律，使之发出和谐的乐音。

自秦王朝统一中国后开始规范文字，篆体的被简化为左边"口"加上右边"禾"，写作，这就是奥运会开幕式表演中第二次出现的"和"字造型。自汉代隶书流行以后，"和"字的写法又变为左"禾"右"口"，并一直沿用至今。"和"的字形尽管发生过多种变化，但其中的内涵却越来越丰富了。如果说，把中国五千年的文化精髓用一个字来表达的话，这个"和"字也许是最恰当的选择了。

在先秦时代，"和"是一个非常重要而又特殊的概念，它是指一种有差别的、多样性的统一，因而有别于另一汉字"同"。比如烹调，高明的厨师需把酸、甜、苦、辣、咸等多种味道调和在一起，达到一种五味俱全、味在酸甜之外的效果，才能做出上等佳肴。又如音乐，一个乐队大小乐器音色各不相同，高明的指挥把它们放在一起加以指挥，就能演奏出美妙动听的乐章，这就是和谐之美。因此，历史上早于孔子的晏婴就曾说过："若以水济水，谁能食之？若琴瑟专一，谁能听之？"(《左传·昭公二

十年》）

正是在这种思想的基础上，孔子将“和”与“同”的差别引入到人际关系的思考中来，于是便有了《论语·子路》中的那句名言：“君子和而不同，小人同而不和。”何晏《论语集解》对此解释：“君子心和，然其所见各异，故曰不同；小人所嗜好者同，然各争利，故曰不和。”就是说，君子要保持独立的见解，和人相处时，心地是平和的，而意见不一定相同；小人和人相处，常常会附和赞同，可是出于私利，其心地是不和的。所以“同”是简单的同一，“和”则是众多不同事物之间的调和。从哲学意义上讲，“和”是和谐，是统一；“同”是相同，是一致。二者相比，“和”是抽象的，内在的；“同”是具体的，外在的。

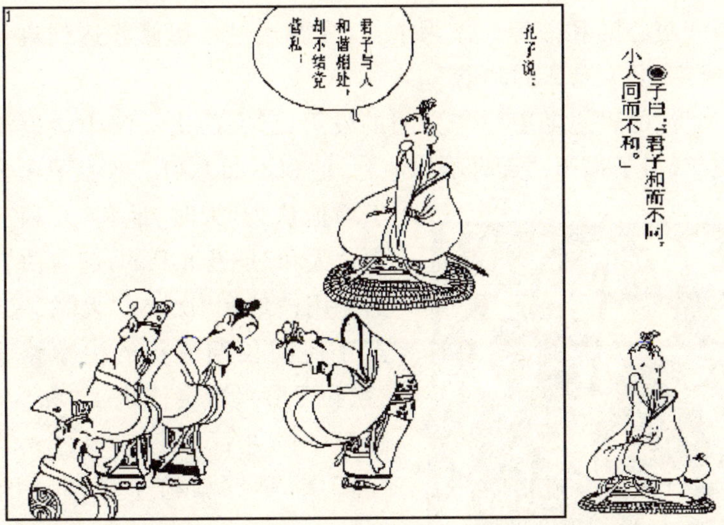

引自蔡志忠《蔡志忠漫画集》（《论语》篇），三联书店，1992年。

“和而不同”，就是追求内在的和谐统一，而不是表面上的相同和一致。就人际关系而言，是指人在交往中能够与他人保持一种和睦友善的关系，但在对具体问题的看法上却不必苟同于他人，也不能强求于他人。这一道理同样适用于文学创作。苏轼《答张文潜县臣书》曾指出:"王氏(安石)之文,未必不善也,而患在于好使同己……地之美者,同于生物,不同于所生。惟荒瘠斥卤之地,弥望皆黄茅白苇,此则王氏之同也"。苏轼认为,哪怕再好的文章风格,也不宜"使人同己",以免"弥望皆黄茅白苇"。

中国传统文化提倡"以和为贵",强调人与人之间要友善相待,国家与国家之间要和平共处。数千年来,"和"的观念已普遍深入人心。"和为贵",句出《论语·学而》:"礼之用,和为贵。先王之道,斯为美;小大由之。有所不行,知和而和,不以礼节之,亦不可行也"。这是讲,"礼"以"和"为贵,是"和"的体现。制度化的"礼"与精神性的"和",两者不可或缺。类似这样的古训很多,如和气生财、和气致祥、和衷共济、家和万事兴等,都是说的这个道理。儒家的"和为贵"观念,包含着自然本身的和谐、人与自然的和谐、人与人的和谐以及自我身心的和谐等。作为个人,先要通过道德修养达到自身的和谐,尔后再推广到"人与人的和谐"。

"以和为贵"的思想随着中华文明的发展,已在历史长河中缓缓流淌了几千年。当年,孟子强调:"天时不如地利,地利不如人和。"(《孟子·公孙丑下》)他认为,天时、地利、人和三者之中,"人和"是最重要的,起着决定因素的作用;"地利"次之;"天时"又次之。至于民间长期流行的治家格言——"家和万事兴",更体现了"和为贵"思想对中国老百姓的影响之大。这个"和"字,早已根植于中国人的血脉深处。

《幸福和美》(剪纸)
引自赵少华《中国剪纸》,五洲传播出版社,1999年。

汉语中的"和"字,至今仍具有强大的活力和应用性,后面可以跟着许许多多的字眼,衍生出各种词语,它们都寄托着中国人美好的感情和愿望。

比如：和蔼、和解、和议、和睦、和善、和顺、和美、和畅、和煦、和颜悦色、和风细雨等等。连众多麻将迷们对这个字也情有独钟，一声“我和(hú)啦!”不管男女老少皆是情不自禁，笑靥如花。

“和”，一个简单的汉字，不仅渗透着中国人几千年来待人接物的处世智慧，更体现了中国传统文化的博大精深和源远流长。

中国人的“祖”先崇拜

陕西省黄陵县有一座传说中的中华民族始祖黄帝的陵墓，陵墓山脚下有一座古朴庄严的黄帝庙，在庙宇正殿中央悬挂着一块醒目的匾额，上书“人文初祖”四个大字。如今，每逢清明时节，全国各地民众和海外华人代表都怀着崇敬之情，到此祭奠这位为中华民族创造出灿烂文明的始祖。1983年4月5日清明节，原国家邮电部专门发行了《黄帝陵》特种邮票一套3枚，其中第2枚邮票名称就叫“人文初祖殿”。

在固定的时间，以特有的仪式，供奉拜祭祖先，这是我们中华民族古老而悠久的传统。“清明时节雨纷纷，路上行人欲断魂”，每到清明，各地人们都要举行各种拜祭祖先的活动，就是海外游子，也要朝自己祖先所在方位叩拜，以示不忘祖宗。过年过节或家有喜庆，人们也会安排祭祖。各种各样的祭祖活动长期流行，正反映出我们这个民族至今不衰的祖先崇拜意识。

华夏文化是一种血缘文化，祖先崇拜是一大特征。“祖”字作为最早出现的汉字之一，在甲骨文中写作或（且）。也有加示旁作，偶尔亦有加水旁的。《礼记·檀弓上》曾子曰：“祖者且也。”有学者认为，“且”出现时间应远早于殷墟甲骨文，因为在洛阳市东黄河南岸的首阳山石刻符号中就已经有了它的身影。围绕“且”的造字形象及其本义，有许多不同的解读。旧有王国维的“俎几”说和郭沫若的“牡器”说；今还有“陶罐”说、“牌位”说、“坟冢”说等。

王国维认为“且”是“俎”的初文，即祭祀时盛放牺牲的礼器。郭沫若《甲骨文字研究·释祖妣》：“且，实牡器之象形，故可省为。”即甲骨文（且）为男性生殖器之形。《汉字源流字典》也持此说，释“且”：“甲骨文像雄性生殖器形，是初民生殖崇拜的体现，人类靠生殖繁衍”。我国古代先民曾经崇拜过石祖、陶祖、木祖之类，所谓石祖，就是用石头经过打磨所制成的男子阴茎。后“且”字多用作虚词，于是产生了加示的“祖”。

金文“祖”大多都从示旁，如《镈》中作“”，《乐书缶》中写作，《中山王鼎》中作，表示祭拜之意。篆文承续金文字形，写作。“示”作为汉字部首，在古汉语中，往往都与祭祀、宗庙有关。《说文解字》曰：“祖，始庙也，从示，且声。”梁顾野王《玉篇》云：“祖，父之父也，又先祖始祖通谓之祖。”“祖”字是由“示”和“且”组成的字，许慎把它看成是形声字，并解释成始祖的庙宇。有人认为甲骨文“示”字上部的二笔，用上短下长表示朝上的方向，代表天空，其本义是仰面朝天祭拜天神；而“且”若作为男根的象形，把“示”和“且”组合在一起，“祖”的本义即有祭拜祖先的意思，所祭的是生育自己的先人。这是古人对自己先辈的感恩，也体现了我们祖先对种族繁衍兴盛的愿望。这和民间长期流传的“不孝有三，无后为大”观念是一脉相承的。

含有金文“祖”的青铜器

引自李建伟、牛端红《中国青铜器图录》，中国商业出版社，2000 年。

一个“祖”字，蕴涵了报本反始之德，启示我们为人不能忘记出处的道理。

敬祖祭祖，慎终追远，这是我们中华民族绵延不绝的根本，在中华文明的薪火相传中，有着非同寻常的意义。追寻华夏古老文明的源头，我们铭记着“人文始祖”——黄帝化育万民的无尽恩德。黄帝不仅统一了中华大地，还开创了早期的物质文明、制度文明和精神文明。举凡纺织、种植、屋宇、医药、文字、音乐、历法等，都起源于黄帝时期。黄帝自强不息的精神，更是华夏民族精神的象征。《大戴礼》载孔子语：“（黄帝）劳动心力耳目，节用水火材物，生而民得其利百年，死而民畏其神百年，亡而民用其教百年，故曰三百年也。”这是先人对轩辕黄帝的无尽感怀。

当原始氏族社会发展到父权制后，家庭制度亦趋于稳定和完善，人们逐渐开始祭拜、祈求其父系祖宗亡灵的宗教活动，从此形成对祖先的崇拜。“万物本乎天，人本乎祖。”（《礼记 · 郊特牲》）祖先崇拜的对象主要是有功绩的远祖和血缘关系密切的上几代祖先。其崇拜行为的特点，主要是相信其祖先亡灵具有某种神奇的力量，会赐福儿孙后代，并能与之精神上沟通互感。所以，祖先崇拜也叫灵魂崇拜，是一种生者对死者灵魂加以崇拜的宗教行为。与之前原始图腾崇拜和生殖崇拜相比，它不再用动植物图腾象征或生殖象征来作为氏族部落的标志，而是代之以其氏族祖先的名字。由此古人从自然崇拜上升为人文崇拜。

在中国历史上，对祖先的崇拜不仅是一种宗教信仰，也是一种文化信仰，又是日常生活中要遵守的行为准则。在中国人的观念中，“忠”、“孝”是最重要的美德，即使对已去世的先人，也要像依然活着时一样地尊敬，在节日中加以供奉、祭祀。孔子注重祭祀，认为祭祀是维持伦理孝道的一种教化方法，所以提倡“生则敬养，死别敬享，思终身弗辱也。”（《礼记·祭义第二十四》）“生事之以礼，死葬之以礼，祭之以礼。”（《论语·为政第二》）并赋予祖先崇拜“报本、追远、崇德”的意义，期望民德因而归厚。儒家“三礼”（《周礼》、《仪礼》、《礼记》），对去世亲人的尸敛、安葬、祭祀等，都有明确的规定，成为后世丧葬文化的重要源头。

用于祭祀的人面具青铜器

引自李建伟、牛端红《中国青铜器图录》，中国商业出版社，2000年。

与西方人信仰上帝不同，中国人通过对祖先的祭祀和崇拜来祈福避祸，渴求愿望成为现实。他们相信，祖先可以保佑自己的子孙，而祖先的灵魂和在世的人一样有衣、食、住、行之需，在世的后代就是其物质之需的供给者。因此对祖先亡灵的祭祀，重要内容之一就是满足其物质之需，若得不到适当的供养，就会降祸惩罚子孙。正因如此，祖先崇拜以其巨大的情感力量，深刻地影响了华夏民族的道德观念、伦理意识和风俗习惯诸多方面，成为塑造中国国民性的深层文化根源之一。再加上古代道教与佛教的影响，无形中也给民间增强了鬼魂信仰。如道教相信人有三魂，当人刚去世时，其亡灵一归阴间，一入坟墓，一留于祖先牌位；而佛教强调因果报应思想和来世的观念，更加助长了民间祖先崇拜的风气和祭拜方式。

祖先崇拜，在中华民族发展进程中有其特殊意义，但毋庸讳言，其自身也有着很大的缺陷。首先，它是以血亲关系来加以实施，带有古代宗法社会的显著特征，存在着严格的父权家长制。传统的忠孝观念，正是建立在家族制度基础上的，而这种家族伦理又直接被建构成社会伦理规范——“家国同构”，即臣子对国君的忠，就是儿子对父亲的孝。这就难免会产生愚忠愚孝。其次，它通过父系姓氏的传承来实现家族血缘的纵向延续，重男轻女，且不分贤愚，只要是先人，后人一律都要祭拜。在这种意识下，国人容易盲目自大，不思进取。至于那些具有封建迷信色彩的东西，更是需要加以剔除。

从"宗"庙到四合院

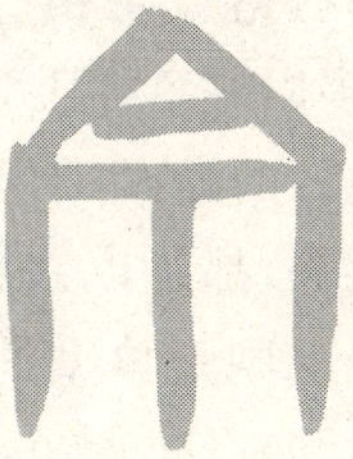

信仰是发自心灵的产物，不同的信仰可造就不同的人生。

中国人有没有信仰？许多人认为中国人没有信仰。其实中国人是有信仰的，那就是对自己祖宗的崇拜。自西周王朝以来，祖宗信仰就主导了整个华夏文明。祖宗信仰是一种对祖先情感的缅怀，是一种对传统的信念，也是一种对未来的祈福。所以，中国人有信仰，只是没有西方人那种超自然神的上帝信仰而已。中国人的人生观、价值观都和祖宗信仰有关，例如"光宗耀祖"、"衣锦还乡"、"不辱门风"等都是源于此。

祖宗，是后人对始祖及先代中有功德者的尊称。作为先人，"祖"与"宗"是有相应区别的。古人一般称有功的人为祖，有德的人为宗。《礼记·祭

唐太宗李世民
引自刘刚、李冬君《文化的江山》下册，山西人民出版社，2009年。

法》曰："有虞氏禘黄而郊喾，祖颛顼而宗尧。"孔颖达疏："祖，始也，言为道德之初始，故云祖也。宗，尊也，以有德可尊，故云宗。"《孔子家语·庙制》："古者祖有功而宗有德，谓之祖宗者，其庙皆不毁。"按照"祖有功而宗有德"的标准，开国君主一般是祖，如汉高祖、唐高祖、宋太祖等；继嗣君主有治国才能者为宗，如唐太宗、宋太宗等。

与祖宗信仰有关，中国人一般都具有较为强烈的宗族意识。同一先人所繁衍的后世子孙，都属于同一宗族。宗族亦称家族，是指拥有共同祖先的亲属集团，通常居住在同一聚居地，并形成较大的村落或集镇。至今我国一些农村地区的村落，多以一个姓氏为主，其地名即源自宗族。如北方地区的高家庄、李家屯；南方地区的张家村、沙家浜等，都是以宗族姓氏形成的地名。而北方的四合院则是典型的家族聚居建筑，一座院子可以居住"四世同堂"的所有家族成员。这些同院而居的人又称为"宗人"。

"宗"字是一上下结构的会意字。较早的甲骨文写作，上面（宀），表示屋宇之形；下面（示），为神主的象形，有祭拜祝祷之意。其造字本义是祭拜祖先的宗庙。甲骨文也有写作，将原来表示天的"一"写成两横；又有写作，已与后来楷体"宗"字写法非常相似。"宗"字在卜辞中经常出现，商代之先祖先父先妣先母皆有"宗"，如"大乙宗"（《甲骨续存》一·一八八七）、"祖丁宗"（《战后京津新获甲骨集》四〇一二）、"父已宗"（《殷虚文字甲编》一二二七）、"妣庚宗"（《甲骨文录》四四七）、"母辛宗"（《殷虚书契后编》上七·十一）。

金文"宗"写作，篆文写作，皆承续了甲骨文字形。《说文解字》曰：

"宗，尊祖庙也。从宀从示。"也就是说，"宗"的本义是宗庙，具体所指就是同一宗族的人在房子里祭祀祖先。后引申为指祖宗、宗主、宗族，又引申为宗派之义。"宗"字用作动词，则有尊崇之义，如《诗·大雅·公刘》："食之饮之，君之宗之。"

宗庙本是古代帝王、诸侯或大夫祭祀祖先的重要场所（后世帝王宗庙又称太庙，自大夫以下皆称家庙）。《礼记·中庸》："宗庙之礼，所以祀乎其先也。"东汉刘熙《释名》曰："宗，尊也；庙，貌也。先祖形貌所在也。"自古帝王视"敬天法祖"为立国之本，非常重视对祖先的祭祀，所谓"国之大事，在祀与戎"（《左传·成公十三年》），并且祭祀在前，战争在后，列为国家两件最为重大的事情。而在祭祀的范围内，祭祖与祭天、祭社（土地神）合为三大祭礼。祭天着重于其政治功能，祭社立足于其社会功能，而祭祖则体现其伦理功能，它凝聚并维系着家族、宗族乃至整个民族的生存和兴旺。

对国君而言，宗庙是国家存亡的象征，故国之重器皆置于宗庙。《周易·震》："出，可以守宗庙社稷，以为祭主也。"孔颖达疏："君出，则长子留守宗庙社稷。"后来，宗庙成了朝廷和国家政权的代称。《墨子·非命下》曰："不顾其国家百姓之政，繁为无用，暴逆百姓，遂失其宗庙。"王安石《上皇帝万言书》曰："而今公卿大夫，莫肯为陛下长虑后顾，为宗庙万世计，臣窃惑之。"

根据文献记载，西周初已开始出现了"宗子"、"大宗"等名称。如《诗经·大雅·板》中有："大宗维翰，怀德维宁。宗子维城，无俾城坏"，这里所说的"大宗"和"宗子"，是指周代贵族中根据血缘关系对族人拥有管辖权的人。这表明当时中国已经出现了宗法制度。宗法是西周的重要政治制度，这种宗法制是以血缘关系为基础，核心是嫡长子继承制。天子按嫡长继承制世代相传，是谓"大宗"，其他庶子、次子分封为诸侯，他们是从属"大宗"的"小宗"。而这些诸侯也按嫡长继承的原则世代相传，非嫡长子则由诸侯分封为卿大夫。对于这些卿大夫来说，诸侯又是"大宗"，依次类推。大夫以下又有士，士是贵族阶级的最底层，所以不再分封。作为宗族首领，"宗子"拥有高于所有普通族人之上的地位。而今天保存下来的一些古建筑，尤其是北方四合院的建筑形态，非常典型地保留了宗法制度影响下产生的家族结构特征。

《中国土木建筑百科辞典·建筑》对四合院的定义为：“平面以庭院为中心，四周环以房屋组合而成的中国北方民居。”四合院的建筑结构特征，不光体现了儒家文化中的等级观念，更主要的是反映了中国传统的家族制度与宗法血缘的关系。在设计上，它首先考虑的是，“内外有别，长幼有序”。按照辈分，什么样的人居住什么样的房，都有着严格的规定，不能随意变动。其次，血缘关系越近的人，在居住空间上的距离也越近，反之则相距越远。按照血缘关系，父母子女等直系亲属居住在内院；旁系亲属则居住在旁边的院子里；而那些仆人、丫鬟，只能居住在外院或后院。封建社会注重“门第观念”，所以，各种院门的建造规格，也都有着严格的规定，不许逾制。一座四

皇亲国戚的四合院

引自陈义风《北京四合院的前世今生》，《海内与海外》2008 年第 8 期。

合院，四面都是屋墙和院墙，只有东南方向有一院门与外界相通，但平时大门也总是关闭着的。在这样相对封闭的同时，四合院也产生了一种向心的功能。父母和子女同住在一个内院，有利于家长掌握子女日常生活中的一举一动。一座小小的四合院，使儒家的家庭伦理观念得以充分物质化、具体化。

从宗庙到四合院，它们产生的时间有先后，其地位和功能也有很大不同，但出于一种共同的信仰——祖先崇拜，使得它们内在的文化涵义则是一脉相承的。

人“鬼”情未了

每年 11 月 1 日，是西方的万圣节。万圣节起源于古代不列颠凯尔特人的传统节日。在古凯尔特人的信仰里，新的一年始于 11 月 1 日，而在旧年 10 月 31 日的晚上，各种鬼魂会一起重返人间，寻找它们的替身。因此，这一天被称为“死亡之日”，或者“鬼节”。为了驱鬼，当地人们纷纷燃起火炬，还用动物的头或皮毛做成的服饰打扮自己，并发出各种古怪的声音，使鬼魂认不出自己，以避过灾难。只要过了当晚，鬼魂又会回到阴间，一切回复平静。这就是今天万圣节化妆舞会的由来。

与西方的万圣节相应，中国也有一个“鬼节”——中元节。相传每年农历七月十五日，阎罗王就会打开地狱之门——“鬼门关”，让原被关押的鬼魂放风出来自由活动，直至七月结束才收回地府。因此，民间便盛行在此期间对死去的亲人进行祭拜招魂，或烧冥钱、纸衣，或放河灯、做法事，以超度亡魂，化解怨气，祈求祖宗保佑平安。

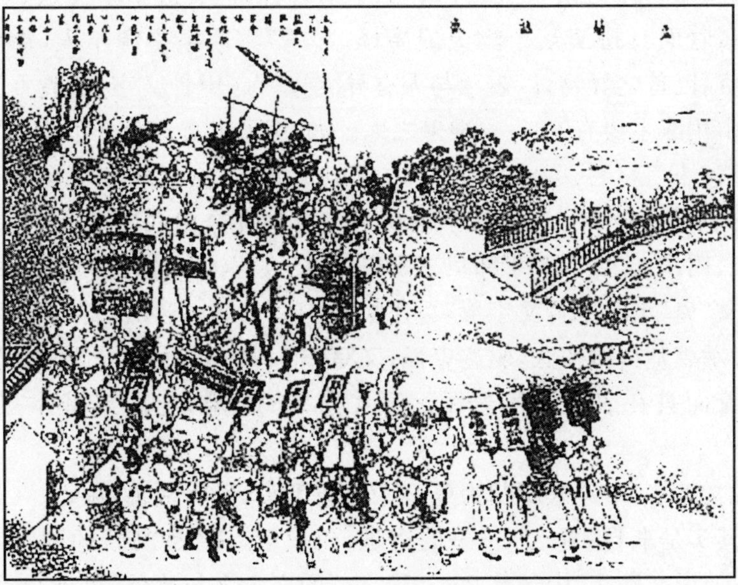

盂兰盆会(《点石斋画报》)
引自娄校堂《生活的智慧：万事溯源奇趣》，青岛出版社，2008 年。

同样是鬼节，中国的中元节与西方的万圣节有所不同。现代的万圣节，似已变成了一个年轻人和孩子们的狂欢节，其本身也并不具有缅怀先祖的功能；而中国的中元节，则更具有严肃的伦理色彩，并由此产生不少禁忌。比如，这一天不宜开工奠基，商店和厂家也不会选择在这一日作为开张日子等。

那么，中国古代的“鬼”到底是何物？人们为何要加以禁忌？对此，古人也有一个认识的过程。

“鬼”字是一个古老的汉字，可以说，自汉字产生起就有了关于鬼的记载。在甲骨文中，它写作□，是一个上下结构的会意字。上面□（田），像一个很大的面具；下面□（人），是一跪着祈祷的巫师。下面的□有时也作□、□，鬼亦作“□”、“□”之形。上面的部件□（田）的周围有时还点缀有修饰之物，因此，“鬼”又作□、□之形。虽然“鬼”的字形各异，但其造字本义是一样的，都是巫师戴着面具扮演某个幽灵或魔怪。“鬼”字取象来源于人，徐中舒曰：“象人身而巨首之异物，以表示与人有异之鬼。”（《甲骨文字典》卷九）。“鬼”在卜辞中用法主要有三：一、神鬼之鬼。如“庚辰卜贞多鬼梦不至祸”（《殷虚书契后编》下三・一八）；二、用作方国名。如“癸亥贞旬庚午鬼方受□”（《殷虚文字乙编》四〇三），有学者认为鬼方似在今山西中部及于陕西北部一带；三、用作人名。如“丁卯贞王令鬼□俎于亯”（《甲骨续存》二・八四六）。

金文“鬼”承续甲骨文字形，写作□；也有写作□之形，□（支），有持械敲击之意，表示巫师持械作法，驱逐鬼怪；又写作□，□（倒写的“止”），脚趾，表示巫师戴着面具在表演巫术舞蹈。篆文开始写作□，与后来楷体写法已很相似。

《说文解字》曰：“人所归为鬼，从人，象鬼头，鬼阴贼害，从厶。”《说文》第一句话其实是来自《释名》一书的声训，仅仅取“鬼”是“归”的同音字而已。“鬼”也是《说文解字》中部首之一，从“鬼”的字大多与迷信、鬼神有关。至今还有迷信的人认为人死后有灵魂，称之为“鬼魂”。

中国可谓是一个盛产“鬼”的大国，光有名称记载的“鬼”就不下千种，若按照过去老百姓说法，人死后皆为鬼，那世界上真是“鬼”比人多了。这足以说明中国传统文化对鬼的迷信或信仰有着非常广泛的群众基础。而人们所说的鬼，又往往与死人、坟墓有关。为什么会这样？

远古时期，人们对一些自然现象是无法理解的，加上生老病死的不可控制，以及人死后所归之处的茫然无知，由此幻化产生对鬼的崇拜和畏惧。在原始先民看来，鬼不仅恐怖，而且来去无踪，魔力无穷，这是他们原始鬼神信仰产生的结果。可以说，原始的鬼神信仰，是产生鬼形象的主要原因。从甲骨文可知，“鬼”的字形就是人头上戴着一个很大的恐怖面具，鬼为何令人生畏？就是因为鬼的面具充满神威和隐秘。这表明最初"鬼"的形象与人十分相似，是与人关系密切而又不可捉摸的怪物。成语"鬼鬼祟祟"即还保留着此意。

鬼是和人的灵魂联系在一起的，是人精神的延续。《礼记·祭义》："众生必死，死必归土，此之谓鬼。"可见"鬼"乃是对已经去世、埋入土中的死人的称呼。而在古人观念中，人的魂灵是不灭的，死后灵魂会从肉体中分离出来变成鬼，回到祖先那里，以超自然的力量继续左右人间。《列子·天瑞》曰："精神离形各归其真，故谓之鬼，鬼者归也，归其真宅。"中国古代真正崇拜的，就是这种人死后变成的鬼魂。《论语·为政》曰："非其鬼而祭之，谄也。"郑玄注："人神曰鬼，非其祖考而祭之者，是谄求福。"《礼记·祭法》则进一步指出："庶人庶士无庙，死曰鬼。"意为普通百姓死后无庙享祭，四处飘泊，就会成为孤魂野鬼。由此即可明白中国人为何重视祖先祭拜的道理。这种有人祭拜的鬼是家鬼——祖宗亡灵，并不可恶，不像后来人们所想象的那样，是一种丑恶、狰狞的东西。

除了家鬼，还有野鬼。古人把假想中可兴灾祸的怪异生物也称为鬼，这就是自然鬼神。其产生原因主要是因为古人对雷电、地震、洪涝等自然现象无法理解，认为是鬼神在操纵着这些神奇的现象，每一种自然灾害发生都是有鬼魅在恶作剧。孔子有句名言："敬鬼神而远之"，可见儒家也是信奉鬼神的，但只是"敬"而已。后来虽有东汉王充的"无鬼论"，但无法从根本上动摇国人对鬼神的迷信。到了清代蒲松龄笔下，虽有凶神恶煞般的厉鬼，但更多的是重情意、通人性而又年轻漂亮的女鬼。所以读了《聊斋志异》之后，不但不使人觉得可怕，反而倒觉得有点可爱。

与人一样，鬼也有它们的节日。每年农历七月十五日，便是中国一年一度的鬼节，道教称为中元节，佛教称为"盂兰盆节"。当天主要是祭祀祖先，以祈求平安；或超度恶鬼亡魂，化解怨气。中国的鬼节又称"孝子节"，因为佛家的目连救母，本来就是个孝子故事；而道教的中元地官舜帝也是一个大孝子；加上儒家一向注重孝道，所以使这一节日又蒙上了浓厚的伦理色彩。

在中国民间传说当中，有一个驱鬼之神——钟馗，一直受到人们推崇。早在唐代，钟馗捉鬼就已声名显赫，唐明皇当时曾赐给大臣钟馗神像。所以，有人推测钟馗故事的起源可能早于唐代。北宋郭若虚在《图画见闻志》卷六《近事》中写道："昔吴道子画钟馗，衣蓝衫，鞹敦一足，眇一目，腰笏，巾首而蓬发，以左手捉鬼，以右手抉其鬼目。笔迹遒劲，实绘事之绝格也。"这是年代最早的钟馗画像，可惜后来失传。现今民间还流传着很多与钟馗有关的歇后语，如"钟馗嫁妹——鬼混（婚）"、"钟馗开饭店——鬼不上门"、"钟馗受骗——被鬼迷住"、"墙上挂钟馗像——鬼话（画）"、"钟馗打饱嗝——肚里有鬼"等。有关钟馗的神话和故事更是历代不衰。

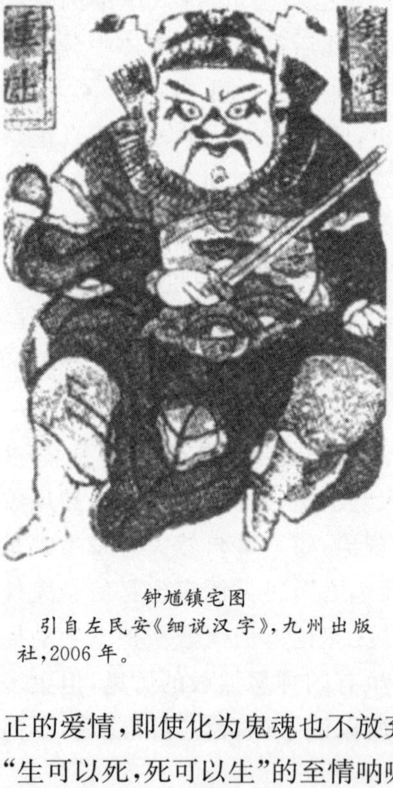

钟馗镇宅图

引自左民安《细说汉字》，九州出版社，2006年。

鬼魂形象在中国古代戏曲中占有特殊地位，由此产生的鬼戏特别多。元曲《窦娥冤》中的窦娥含冤而亡，她不甘心这黑暗的世道，就算为鬼也要还自己一个清白。这其实是作者对当时现实世界的一种变相反抗，也是一种美好愿望的曲折表现。南戏《牡丹亭》中，杜丽娘为了追求真正的爱情，即使化为鬼魂也不放弃，终于感天动地，成就了自己的一世姻缘。"生可以死，死可以生"的至情呐喊，冲破了封建礼教设置的重重樊篱。

鬼从一开始就与人的生活有着剪不断、理还乱的关系。虽然现在我们都已不相信鬼的故事，但是鬼文化的魅力仍将长期存在。

众“神”的背后

“七夕”(农历七月初七),是一个美好而又充满神话色彩的节日。相传当天晚上,原分居在银河两侧的牛郎星和织女星一年一度相会。作为女神,织女擅长编织云锦,当晚天空云彩变化多端,特别美丽。旧时风俗,各地少女于此夜专门准备瓜果点心,朝天礼拜,希望织女星传授手艺。所以,这一节日又称“乞巧节”。这一神话故事,由魏晋以来一直在民间长期流传。至今还有人提议,把它作为中国的“情人节”。

南朝梁代宗懔《荆楚岁时记》载:“天河之东有织女,年年织杼劳役,织成云锦天衣。天帝怜其独处,许嫁河西牵牛郎。嫁后遂废织。天帝怒,责令归河东使一年一度相会……七月七日,为牵牛、织女聚会之夜。”这段文

七月七
引自娄校堂《生活的智慧：万事溯源奇趣》，青岛出版社，2008年。

字说明了这两个相恋之神分居的原因，也告诉我们，神并不是万能的，他们也有人的苦恼，甚至会发生类似人间的悲剧。后来，歌咏这一神话爱情故事的古典诗词不可胜数，但大多偏重的正是悲剧色彩，感叹会少别多。

“神”是个在象形字基础上加上意符形成的形声字，从示从申。它的初文在甲骨文中就是“申”。《说文解字》曰：“申，神也。”《风俗通》亦云：“神者申也。”甲骨文“申”字写作，像天空中闪电形状。古人以为闪电变化莫测，威力无穷，是至高无上的天神在操纵。“申”的“天神”本义淡化后，另造“神”字代替，在金文中写作，左边加（示），由原来的独体字变成左右结构的会意字。篆文又写作。在古文字家族里，“神”和“电”都是由同一个“申”字衍生出来的。当“申”字原来具有的“天神”和“闪电”本义消失后，篆文加“示”另造“神”字，又加“雨”另造“電”字代替。

从甲骨文“申”到金文“神”，加一“示”旁，正反映了古人对神的认识观念的变化。“示”在甲骨文写作，表示倒写的“上”，指事符号一横代表天空，古人认为众神都居住在天上；指事符号一竖代表的是垂直朝天的方向。甲骨

闪电

引自胡展《天边闪电》,《浙江画报》2011年第2期。

文“示”又作亍,用上短下长二横同样代表朝上的方向——天空。后来,又在亍的基础上加了两点,写作示,该字形已与楷体写法近似。“示”在卜辞祭祀中,主要用来表示天神、地祇或先王先祖。《说文解字》曰:“示,天垂象,见吉凶,所以示人也。从二,三垂,日月星也。观乎天文,以察时变。示,神事也。”对人的感官来说,最明显的是天在地之上,而且高高在上、无边无际。因此我们发现,在中国人观念当中的“天神”,无疑是最高神。正如《说文》所云:“神,天神引出万物者也。”

在人类社会的早期,由于生产力极端低下,人们不可能对许多自然现象和生理现象作出科学的解释,也无法掌握自己的命运,只能听任大自然的摆布。于是,自然界日月星辰、山川土地乃至花草树木,都被人格化,成了有灵性的东西。所谓狐仙兔妖、草精树魅,一切皆神。《礼记·祭法》云:“山林川谷丘陵,能出云,为风雨,见怪物,皆曰神。”由此可见,所谓神,就是人们对自然事物和现象“人格化”的结果，不是神创造了人，而恰恰是人创造了神。应该说，人类在当时对自然界作出这种有神论的解释，乃是一种历史的必然。因为在当时的历史条件下，他们除了自然崇拜之外，是不可能有其他别的选择的。与人相比，神具有非人力所能把握的神秘力量，如中国古代神话里就有盘古这样开天辟地的英雄神。其实，这正是人的幻想所营造出来的超人对象。

人创造神，并非仅是对神崇拜而产生的敬畏，从某种程度而言，也表达了人类想征服自然的愿望。当面对浩瀚神秘的大自然，人类是那样的无奈，因此，不得不把所有无法理解、无法解释、无法对付的自然现象，统统归结为“神”。于是，希望借助“神”的力量来达到人所无法达到的目的。中国古代的一些神话，往往表现出早期先民对自然力的斗争和对理想的追求。如《女娲补天》、《夸父逐日》、《精卫填海》等神话便表现了这样的愿望。

女娲补天

引自伊黎改编，张令涛、胡若佛绘画《女娲补天》封面，人民美术出版社，2000年。

中国古人信仰“万物有灵”，在此基础上，形成了对自然的多神崇拜。在他们看来，神是无处不在的。《尚书·大禹谟》曰：“乃圣乃神。”孔颖达疏：“圣无所不通，神妙无方。”《易·系辞》曰：“阴阳不测之谓神。”王弼注：“神也者，变化之极，妙万物而为言，不可以形诘。”《淮南子·兵略训》云：“知人所不知，谓之神。”可见古代“神”的概念是多元的，既指变幻莫测的神奇自然现象；也指天地万物的创造者或主宰者；又可指人内在的思想意志和精神气质。后来，迷信的人把所崇拜的祖先人物死后的精灵也称为神。与此相应，在汉语词汇中，冠之以神的词语更是数不胜数。诸如神通广大、神机妙算、神出鬼没、神采飞扬、神思恍惚、神不附体、鬼斧神工、心旷神怡等。

到春秋后期，人们对神的观念认识又有所变化。如《左传·.庄公三十二年》记载史嚚说：“国将兴，听于民；将亡，听于神。”孔子也是对鬼神将信将疑。他说：“祭如在，祭神如神在”（《论语·.八佾》）；又说：“敬鬼神而远之”（《论语·雍也》）；“子不语怪、力、乱、神。”（《论语·.述而》）何晏对此解释说：“神，谓鬼神之事也。”在佛教传入中国以前，史书上多有关于鬼神的描述，“神”基本上与鬼同义，又多是以人格神的面目出现的。

实际上，“神”的基本字义还有与人直接相关的一面，即指精神，以与形体相对。在中医观念中，“精”是人生命能量的最高级形式，用以化气养神，人的精气有限，精竭人枯；而“神”即来自于受孕时的父母“两精相搏”，是统领生命的魂灵，若不加以持守，就会在后天耗尽。由于古人认为心是思维的器官，所以形与神的关系也就是物与心的关系。虽然心物关系与形神关系在认识论的意义上有相通之处，但是二者终究属于不同的范畴。

南朝范缜为此写过一篇《神灭论》，反对当时流行的“神不灭论”思想，由此引发了一场关于灵魂有无的大论战，最终包括梁武帝在内的那些王公贵族，也未能从理论上驳倒“神灭论”。范缜认为：“神即形也，形即神也。是以形存则神存，形谢则神灭也”，“形者神之质、神者形之用”。他还以刀和刃的关系来比喻形和神，强调人的精神只有依附形体才能存在，没有形体也就没有精神。人一旦死了，精神是不可能存在的。这就好比刀和刀刃的关系一样，离开了刀，也就谈不到刀刃的锋利。

随着封建社会的日益世俗化，中国人头脑中又有许多人造偶像也被当作神。它们或是被后来神化的人，如老子、孔子等；或是根据自己的愿望编造出来的，如门神、灶神、财神、城隍、土地爷、送子观音等。其中，财神还有文、武之分（民间有以比干为文财神、关羽为武财神的习俗）。从这些不同名称就可看出，神已被中国人充分世俗化、功利化了。成为神的人不需有什么宗教背景，更不一定是道士或和尚。只要是有缘份，或是多行善事而受人间百姓尊崇的，都有可能在死后成为神。比如后世的关羽、包拯、文天祥等人，他们都不曾信奉道教或佛教，更没有进行过什么修炼，只因在世时影响太大，死后又被人们广为称颂，就自然成为神了。

所以，中国的神并不是单纯宗教的概念，而是具有世俗色彩和功利因素的信仰。

农耕文明

中“国”的来历

每个人都有自己的生日，国家也有它的生日。每年国庆，除了放假，各国都要举行各种形式的庆祝活动，以增强本国人民的爱国意识，增强国家的凝聚力。逢五逢十的国庆，有的还要进一步扩大庆祝规模，甚至进行盛大的阅兵仪式等。

“国庆”一词，本指国家喜庆之事，最早见于西晋陆机《五等诸侯论》一文，其中有“国庆独飨其利，主忧莫与共害”的记载。我国封建时代，国家喜庆的大事莫过于帝王的登基、诞辰等，因而古代把皇帝即位、诞辰称为“国庆”。今天我们则把国家建立的纪念日称为国庆节。

“国”的繁体字写作“國”。在甲骨文里，“国”的初文写作（或），可以说，

“或”是“国”的本字。“或”是会意字。其中是指手拿兵器，表示武力；(囗)指的是一个有栅栏围着的重要地方。造字本义是用武力守卫的一方疆域。《说文》释曰：“或，邦也。从口、从戈以守一。一，地也。”后来，“或”假借作代词，另加形符，产生了形声字“国”。

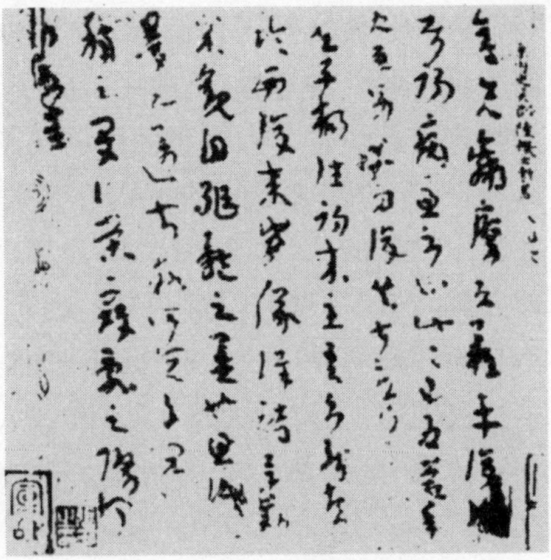

陆机《平复帖》

引自韩会凡《中华书话》，中州古籍出版社，2010 年。

金文“国”字在甲骨文的基础上加了“口”，写作，外面的大“囗”表示疆土地域的范围，并有国家周边应有防卫之意；里面小“口”为国境里的人口；“或”字下方的 “一”表示土地，表明国家与农业生产之密切关联。篆文写法承续了金文字形，写作。“国”字除本字、繁体字写法，还有许多异体字，如武则天造的“圀”、“囶”等字，都因立意片面而未被广泛接受使用。现行简化字“国”字里的“玉”，含国中有珍宝之意，表示我国地大物博，宝藏丰富，但字形是从草书演变并楷化而来的。

《说文解字》曰：“国，邦也；从囗从或”。“从囗”，即表示疆域，其本义是邦国。从“国”字表意而言，已具备一个国家的基本特征：既有人口和土地，也有军队组织，还有边界范围。把这几个条件组合起来，便成了一个“国”字。显然，这是一个富有创意的造字范例。从字形上可知，一个邦国是以都城为中心而与周围的乡村结合在一起的，它是以都城的存在作为标志的。

商周时期，人们聚居的地方称邑，《说文》曰：“邑，国也。”邑就是国，而“国”主要是指王、侯的封地，或天子统治的区域。《周礼・大司马》注：“国谓王之国；邦国，谓诸侯国也。”《易・师》：“开国承家，小人勿用。”孔颖达疏：

“若其功大，使之开国为诸侯；若其功小，使之承家为卿大夫。”春秋时期，人们表示“国家”的意思，一般用“邦”字。如《尚书·五子之歌》：“民惟邦本，本固邦宁。”孔传：“言人君当固民以安国。”（今还习称友好国家为友邦，邻国为邻邦，国家与国家之间的正式外交关系称邦交）。西汉以后，因为避刘邦讳才渐用“国”的。《说文解字》曰：“邦，国也。从邑，丰声。”邦亦是古代诸侯封地之称，在这一点上，与“国”同义，但有大小之分。《周礼·太宰》：“以佐王治邦国。”郑玄注曰：“大曰邦，小曰国，邦之所居，亦曰国。”后“邦国”合称，亦多指代国家。《诗·大雅·瞻卬》：“人之云亡，邦国殄瘁。”与诸侯封地邦、国相对，“家”则为卿大夫的封地。《左传·襄公二十九年》：“大夫皆富，政将在家。”

先秦时称“国”，除了表示王、侯的封地，或天子统治的区域，较多还用来指国都。如《左传·隐公元年》：“先王之制，大都不过参国之一”。后亦指某个地域，犹如“方”。《周礼·地官·掌节》：“山国用虎节，土国用人节，泽国用龙节。”又有指代家乡。《晋书·陶侃传》：“（侃）欲逊位归国，佐吏等苦留之。”唐卢僎《南望楼》诗：“去国三巴远，登楼万里春”等。

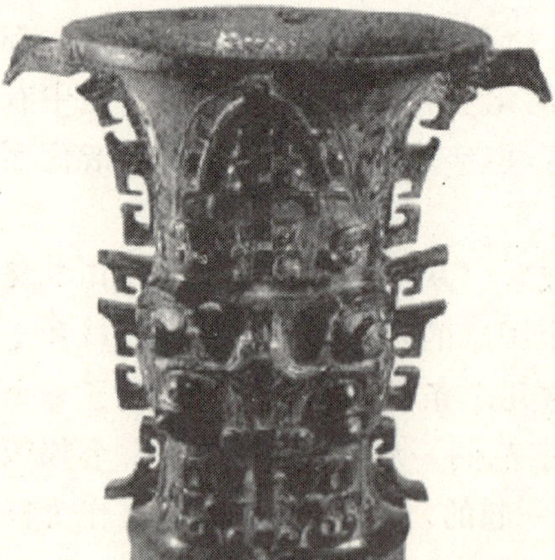

青铜器《何尊》

引自刘刚、李冬君《文化的江山》，山西人民出版社，2009年。

“中国”一名，虽已有三千年文字记载的历史，但其内涵在古今也是有着很大的不同。“中”字见于殷墟卜辞，字形像一杆飘扬的旗——。商王有事，常立“中”以召集士众，众人围绕在它的周围听命，故后来又引申为中间的“中”。“国”字本为“或”，后孳乳为“國”，本义是用武力守卫的一方疆域。由此可以推测，“中国”的本义就是“中央之邑”，最初是周人对宗主国商的首都的称呼，是行政区划概念。1963年在陕西宝鸡出土一尊何尊，上面铭文称："惟武王既克大邑商，则廷告于天曰，余其宅兹中国，自之辟民。"此鼎铭文被认为是迄今记录"中国"一词最早的文献。尔后，"中国"这一名称又扩大为对商朝直辖区域的称呼，成为地理的概念。

周人之所以有此观念，主要是因为相对于商朝，周在文化和政治上都处于落后、从属地位。再后来又被进一步赋予政治、文化方面的含义。《汉书・地理志》云："昔周公营洛邑，以为在于土中，诸侯藩屏四方，故立京师。"此处"土中"即今所谓"中土"。自汉代开始，人们常把汉族建立的中原王朝称为"中国"。当少数民族入主中原后，也以"中国"自居。如鲜卑人建立的北魏自称"中国"，将南朝叫作"岛夷"；而同时汉族建立的南朝虽然迁离了中原，但仍以"中国"自居，称北朝为"索虏"。又如在宋代，辽与北宋，金与南宋都自称"中国"，且互不承认对方是"中国"。

中国的标志之一——万里长城

引自李媚《长城万里摄影展》，《大美术》2004年第4期。

需要说明的是，历史上，从夏、商、周开始直至清末，从来没有一个王朝或政权曾以“中国”作为正式国名。“中国”正式作为国名，始于辛亥革命以后，中华民国成立。从此，“中国”一名才成为具有近代国家概念的正式名称。1949 年 10 月 1 日成立了中华人民共和国，又将“中国”概念更加充实、完善。为与过去的旧中国相区别，我们通常把今天的中国称为“新中国”。

岁月流逝，沧桑巨变。63 年前，中华人民共和国宣告成立，开启了中国历史的新纪元。63 年来，新中国创造了一个又一个奇迹，正实现着强国富民、民族复兴的百年梦想。

“家”，永远的牵挂

我想有个家
一个不需要华丽的地方
在我疲倦的时候
我会想到它……

上世纪九十年代初，潘美辰这曲《我想有个家》曾风靡整个大江南北，特别是那些在外打拼的游子，每每听到动情处便不由泪流满面。对所有人而言，有一个固定的家，这是最简单、合理的要求。然而，究竟什么是家呢？家对于每个人都有不同的理解，而每一种理解却都有着相同的含义。不管是在外漂泊，还是终生守候，家都早已刻在人们心里。即使岁月无情流逝，也无法改变家在自己心中的分量。

“家”字在早期甲骨文写作，是个会意字。上面是“宀”，就是我们常说的“宝盖头”。从“宀”的字，本义都与房屋有关。下面是“豕”，一头肥猪的形状：长吻，大腹，四蹄，有尾。从“豕”的字，本义都与猪有关。“家”在甲骨文中亦有简化字形，写作，将简化瘦身成。卜辞中关于“家”的记载有不少，如“贞其㞢匚于上甲家”（《铁云藏龟拾遗》一·七），“父庚父甲家”（《殷虚文字甲编》二七七九），这两处的“家”都是指居室。另外，“家”还可用来表示地名、人名，如“辛巳卜贞王其田亡𢦏在家”（《殷契粹编》九六〇）中的“家”表示一地名，“令家”（《殷契拾掇》二·一〇）中的“家”是一人名。又“家”与“嘉”两字同音，在甲骨文中，“家”还可以用来表示“嘉”，意思是“好”。如卜辞“自西告牛，家”（《铁云藏龟拾遗》二八二反）。

“家”在金文亦有诸多写法，如《毛公鼎》中写作，《伯家父鬲》中作“”，《克鼎》中作“”，《家敦》中作“”，《父庚卣》中作“”。篆文则进一步承续金文字形，作，已与我们今天看到的写法很相似。

按照过去一般理解，甲骨文“家”字本义，主要体现古代房屋结构，牲畜圈紧靠人居住屋舍，从而说明“无豕不成家”。最初野猪被狩猎者设网诱捕，后来把它关入室中驯养，再后，人们专门为猪筑了猪圈饲养。一说古代生产力低下，猪是私有财物的代表，人们多在屋里养猪，而猪的性情相对较为温顺，且繁殖力旺盛，因此在屋里畜养生猪，是以私有财物的存放处代表“家”。

人类最早的“家”，应推山顶洞人居住的铺有干草的洞穴，正如《易·系辞下》所言：“上古穴居而野处。”这种洞穴，恐怕除了人类自己劳作之外，更多的还是来自大自然的恩赐。到了半坡氏族期间，人类才完全靠自己的劳动创造出自己的房屋，并开始驯养野兽为家畜，猪就是人类最早饲养的家畜。经考古发现，半坡遗址和河姆渡遗址中，都有古代先民豢养过猪的遗物留存。这自然可以证明远古的家庭经济与畜养之间的联系。

“家”的字形说明了人与猪的特殊关系和生活状态。家，在古人看来很简单，就是一间房子，再养上几头猪。这一观念，其实正道出农业社会初期的人对家的期待。房子，可以为人遮风挡雨，使人有一个固定的栖身之所。猪是人类最早驯化的动物之一，与马、牛、羊、鸡、犬并称“六畜”，并为六畜之首。家养的猪，可以给人更多的财富感。从古代家庭演变的角度而言，猪是一种不可缺少的财富象征，一个家庭是否真正建立起来，关键要看是否具备相应的物质基础，而这个物质基础最典型的代表就是猪。正所谓“居无豖，不成家。”今天我国不少地区还保留着这样的传统观念，每当除旧迎新之际，人们把“肥猪拱门”的年画、剪纸贴在自家的门窗上，肥猪俨然成为一个传送福气的使者。所以民间有俗语说：“猪入门，百福臻”，表达了普通家庭对猪送来福祉的期盼。

随着社会生产力的发展，“家”的内涵也越来越丰富。“家”中的“豖”已不能单纯地作猪来理解，“家”字应该广泛地包括与人休戚相关的牛、羊、犬、鸡、鸭、鹅等所有家畜。家里豢养这么多动物，就需要生产足够粮食的耕地。如此演绎，“家”的含义便包括了五谷丰登、六畜兴旺和儿孙满堂了。再则，人已离不开朝夕相处的家畜，而豖又是六畜之首，自然而然，“豖”仍占据了家的重要位置。豖相对于牛羊，是更为普遍的家畜，以其会意“家”，应该是有代表性的。

民间剪纸《肥猪拱门》

引自吴裕成《中国生肖文化》，天津人民出版社，2003年。

古代与现代“家”的概念较为对应的，有“家室”或“室家”之称。《诗经·周南·桃夭》：“之子于归，宜其家室。”毛诗传：“家室，犹室家也。”《孟子·滕文公》曰：“丈夫生而愿为之有室，女子生而愿为之有家。”《左传·桓公十八年》：“申繻曰：女有家，男有室，无相渎也，谓之有礼。”这里的“家室”、“室家”

都是古代男女通过一定方式组建起来的家庭。男女什么时候结婚合适呢?《周礼·地官·媒氏》中记“男子三十而娶,女子二十而嫁”。古人认为,这个年龄阶段,人的身体、心智都发育比较成熟了,才可以繁衍后代。同样是结婚,为什么古代女人结婚叫“嫁”,男子结婚叫“娶”呢?《说文解字》曰:“嫁,适人也。”“嫁”字本是家的同源字,从女从家,意思就是女子到别人家,帮助人家传宗接代,故为适人也。与“嫁”相对,《说文解字》曰:“娶,取妇也。”“娶”字上为“取”,下为“女”,意思很好理解,即把女人迎回家作妻子。从古代男女各自不同的角度出发,结婚就成了一个是娶,一个是嫁。一“娶”一“嫁”,就成了一个家。当然,维系这个家的命运的,还需夫妻双方齐心协力、和谐相处,所谓“家和万事兴”也。

汉瓦当《家》

引自左民安《细说汉字》,九州出版社,2006年。

春秋战国时期,“家”有指卿大夫统治的政治区域或家族。如《论语·季氏》“丘也闻有国有家者,不患贫而患不均,不患寡而患不安。”这里,“国”是诸侯的封地,“家”则是大夫的封地。也有用来指当时各种学术流派,如儒家、道家、墨家、诸子百家等。后来,“家”又用来指有专门学问或技能的人,如天文家、书法家、专家等。

古汉语中,“家”字和“国”字相对又相连。现代汉语把这二字合在一起,组成“国家”,表示一定范围内的人群所形成的共同体形式。其实,家与国本来就是分不开的。所谓家是国的细胞与缩影,国是家的延伸与扩展。按一般理解,“国”是由许许多多的“家”组成的,在这个意义上,可以说有家才有国。但在特殊情况下,也可以说“有国才有家”。历史早已证明:凡国难当头,则家破人亡;而国运昌盛,则家殷人足。这正如新中国成立六十周年献礼歌曲《国家》所唱:“家是最小国，国是千万家”。

家是人生最初的起点，也是贯彻生命的终点。家是中国人永远的牵挂。那些在外的游子一想到家，仿佛就有一股温馨、甜蜜的感觉萦绕心头。也许，这就是典型的中国人的“家庭情结”。难怪在中国古典诗词篇章里，有那么多思念家乡、亲人的传世佳作。无论是李白“举头望明月，低头思故乡”的感叹，还是杜甫“烽火连三月，家书抵万金”的无奈，或是贺知章“少小离家老大回”的辛酸，都充满了对家的眷恋。每每读了，总能勾起一番思乡念家的情怀。

一分“耕”耘，一分收获

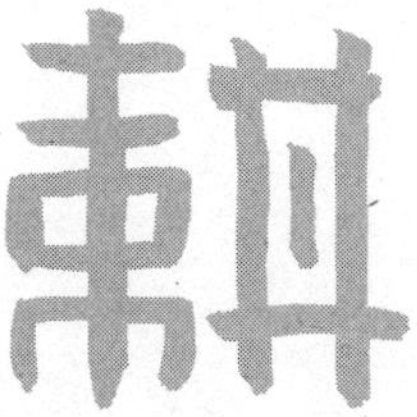

中国是一个以农耕文明著称于世的古老大国。与之相应，农耕文明也使中国传统文化具有浓厚的乡土气息。农耕文明的社会，人们主要依靠土地才能生存，用俗话说，就是“向土里刨生活的”，所以，中国人的生活习惯、习俗都是同土地紧密联系在一起的。从古代纪年的方式、节气的命名、节日的庆典，到日常服饰和饮食、乡音和方言，土地和农耕的气息渗透到中国人生活的各个方面。

“耕”字在甲骨文和金文中还未有发现，但在先秦典籍中早有记载。如《管子·八观》：“行其田野，视其耕芸，计其农事”；《山海经·海内经》：“稷之孙曰：叔均，是始作牛耕”；《商君书·慎法》：“民之欲利者非耕不得，避害者非战不免，境内之民莫不先务耕战，而后得其所乐”等。

“耕”，篆文写作耕，已与今天写法近似。左傍耒，即耒，意为装有排齿的木桩；右傍井，即井，表示井田。从字形结构可知其本义，是用齿耙翻松土地，准备播种。隶书写作耕，将篆文的耒简化成“耒”。《説文解字》释曰：“耕，犁也。从耒，井声。一曰古者井田，谓从井，会意。”说明这是一个形声兼会意的合体字。

“耒”本是古代的一种农具，甲骨文写作耒，形如木叉，上有曲柄，下面是犁头，用以松土，可看作犁的前身。“耒”后来成为汉字部首之一，从“耒”的字，都与原始农具或耕作有关。“井”与井田有关，西周时盛行井田制，把土地分隔成方块，形状像“井”字，因此称做“井田”。“耒”与“井”二者相合，其意自明。同为耕耘，古代人耕曰耕，牛耕曰犁。

从考古学提供的资料可知，先民的耕作经历了由低级向高级的演变过程，大致可分为火耕、耜耕、犁耕、牛耕等阶段。告别原始的火耕，商周时期先民已普遍运用耜耕。耜耕相对于“刀耕火种”，可使土壤挖得深一些，土翻得松一些，，耕地利用时间长一些。尽管如此，耜耕还不能解决人们不断迁徙、寻找新土地耕种的问题。在商周时期，人们又发明了青铜冶炼技术，并制成了青铜农具，才有了后来的犁耕、牛耕。

耕种图

引自左民安《细说汉字》，九州出版社，2006年。

若要追溯农耕文化的起源或特色，大致可用“男耕女织”四字概括。“男耕女织”不仅是指古代社会家庭的自然分工方式，也是中国农耕文明形成的自然基础。这种自然分工方式,又不仅在古代中国出现,凡是自然经济占优势的地方,都是存在的。在中国古老的传说中,神农氏是农耕技术的发明者,嫘祖是养蚕制丝方法的创造者。这一传说本身也说明了这种分工模式的形成,有其深刻而合理的生理、心理和社会原因。为了适应古代人类生产活动的需要,自然而然形成男主外、女主内的分工模式。按这种分工模式,男性从事更需要体力的野外田间耕作,女性则从事要求更细致的家庭纺织工作。

《诗经·豳风·七月》写道:“同我妇子,馌彼南亩”,说早春二月耕种之初,男子在田间劳作,妇女儿童携着一箪食、一壶浆去犒劳。这样的情景,自“立春”之后,田头陇上就会渐渐地多起来。汉代谚语有云:“一夫不耕或受之饥,一妇不织或受之寒。”唐代田园诗人孟郊在《织妇词》中说:“夫是田中郎,妾是田中女。当年嫁得君,为君乘机杼。”古代有牛郎织女日出而作、日入而息,这种自给自足的生活方式,正是中国小农经济的典型代表。

黄梅戏《天仙配》描写七仙女下凡到人间,与农夫董永配为夫妻。因为七仙女的到来,使农田的耕作也变得很浪漫,好像不再辛苦。男耕女织、患难与共,成了连接他们人神姻缘的纽带。“你耕田来我织布”、“我挑水来你浇园”、“你我好比鸳鸯鸟,比翼双飞在人间”。一切很简单也很实在,但这就是生活,农耕时代的朴素生活。

当然,这种“男耕女织”的分工方式是相对的,而不是绝对的。在古代农忙时节,许多妇女也得下田劳动。南宋杨万里《插秧歌》,为我们描绘了一幅男女老少雨中抢插秧苗的风俗图画:

田夫抛秧田妇接,小儿拔秧大儿插。
笠是兜鍪蓑是甲,雨从头上湿到胛。
唤渠朝餐歇半霎,低头折腰只不答。
秧根未牢莳未匝,照管鹅儿与雏鸭。

诗中所写当是作者亲眼所见。农忙抢种对农家来说是何等重要，不光是妇女，连小儿都参加了插秧劳动。同样，春耕时节亦当如此。

“耕者有其田”，无疑是古代农民最大的梦想。这一说法出自《孟子·梁惠王》：“无恒产而有恒心者，惟士为能。若民，则无恒产，因无恒心。”孟子提出“民有恒产”，是指老百姓应有最基本的生产资料——土地，可使温饱而衣食无虑，养得起父母妻儿，荒灾之年不至于饿死，也不至于闹得官逼民反，铤而走险。这仅仅是孟子的一种理想而已。在现实生活中，无数的农民因失去土地，终生辛劳，却食不果腹、衣不蔽体，一遇灾荒，更是民不聊生、饿殍遍野。因而古代的田园生活绝非有些人所想象的那么美好。我们若要真正了解古代农业的状况，不能光是欣赏田园诗，还应多读读那些悯农诗。

耕种图

引自左民安《细说汉字》，九州出版社，2006年。

民以食为天，耕作本是农民最基本的生计。后来，随着社会分工的出现，也衍生了一些带有“耕”字的名称。中国古代就素有“三耕”之说——“目耕”（读书）、“舌耕”（教书）、“笔耕”（写作）。

几千年来，农耕文明养成了中国人勤劳朴实的习性。它本质上要求人顺天应命，守望家园；需要辛勤劳作，亦需要掌握获取丰收的农艺和园艺。它不需要通过战争去掠夺他人的财物，而是满足于小农经济的自给自足。看看中国的汉字，“家”字是在屋檐下养猪，“耕”字是在方形地块中耕作，完全是一种自食其力，与世无争的田园景象。所以，它无需具备尔虞我诈的商战技巧，而是多多企盼风调雨顺的年成，注意营造祥和的环境。尽管农耕文明自身也有不少缺陷，容易产生小富即安的惰性；其生活并不都是田园牧歌，也时有争斗、兼并和战乱，但较之于游牧文明和工业文明，毕竟具有质的不同。

"田"字源起——井田制

"日月水火，山石田土……"，在我们小时候认识的第一批汉字当中，一个"田"字，既写在了田字格里，也写在自己的脑海里。它横平竖直、四四方方，易记易懂又易写。今天，当我们重写这个字时，发现一部五千年的华夏文明演变史，也与它有着密切关系。

"田"字在甲骨文中写作田，是在方框之内画上两横两竖，形成三横三列的九个方格。其中横线代表横向的田埂，竖线代表纵向田埂，合而言之，表示阡陌纵横的农耕之地。也作田，将原来多条的纵横田埂，简化为一纵一横，形成一"十"字，像人工开凿的田间小道。

后来金文田、篆文田都承续了甲骨文中简化的字形。甲骨文"田"字的字

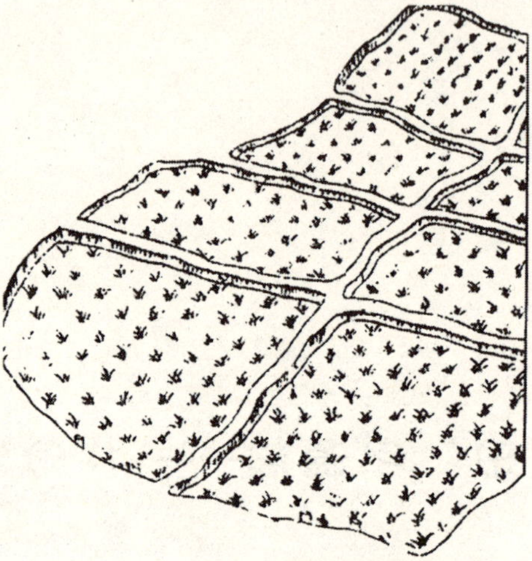

《天工开物》中的田形
引自左民安《细说汉字》，九州出版社，2006年。

形告诉我们，其本义就是已经可以耕种的农田。《说文解字》曰："田，陈也。树谷曰田。象四囗。十，阡陌之制也。凡田之属皆从田"。这里所谓"象四囗"，许慎是针对篆文而言的，因为他当时是看不到甲骨文的。在甲骨文中，这个田字已有几种用法。一是田地，如卜辞，"王其省田不冓大雨"（《殷契粹编》一〇〇二）；二是耕种之义，如卜辞"令掔田于先侯"（《殷虚书契》二·二八·二）；三是田猎之义，如卜辞"庚午卜出贞翌辛未王往田"（《甲骨文合集》二四四九六），"王其田向"（《殷契粹编》九七七）；四是一种职官名，可能与"管田"有关。如卜辞"贞才攸田武其来告"（《殷虚文字乙编》七七四六）。

甲骨文中的"田"字，为何写成这样方方正正的形象？或可说明我国方块田制已有久远的历史。为什么中国上古时代会形成方块田的形制？这又是和农田修建沟洫系统的需要有关的。因为在同样面积的土地中，方块田的周边最短（圆形除外，但土地一般是没有圆形的），且耕种方便；在中国古代井田制中，土地经界和沟洫系统是结合在一起的，采用方块田制修建沟洫系统的工程量也最少。所以，古代这种方块田由来已久。甲骨文中"田"字的字形，反映的就是古代井田制的基本特征。

中国古代田地制度的演变，历经井田制、屯田制、占田制、限田制等多种土地所有制形式。据史料记载，最早出现的为井田制。夏朝已有井田制，而有据可考的乃是商朝，到西周时已经发展得很充分。《诗经·小雅·北山》说：“溥(普)天之下，莫非王土”，正反映了当时“土地王有”的事实。

井田制不光出现早，而且是古代田地制度中影响最大的。“井田”一词，最早见于《谷梁传·宣公十五年》：“古者三百步为里，名曰井田。”所谓“井田”，就是具有一定规划、亩积和疆界的方块田。长、宽各百步的方田叫一“田”，一田的亩积为百亩，作为一“夫”，即一个劳动力耕种的土地。井田规划各地不一，有些地方以九块方田叫一“井”。因为把九块方田摆在一起，恰好是一个“井”字形，井田的名称由此而来。

一般认为，“田”字的产生原与古代井田制相关。甲骨文田三横三列的九个方格，对应的是摆在一起的九块方田，而中间又恰好是一个“井”字形。古代百步为田，百亩为夫，作为农民份地的一“夫”即一“田”，正是一个正方形的地块。由于地形地貌的千差万别，这种制度实际上不可能得到严格的实施。所以，有学者认为，孟子等先秦诸子并没有见过井田，井田也不会是这样的整齐划一，井田制可能仅是古代一种乌托邦式的理想制度而已。

甲骨文“王其田”
引自孟世凯《甲骨学辞典》，上海人民出版社，2009 年。

“田”字的本义是“农田”，从这一本义又引申为“耕种”，如《史记·高祖本纪》：“令人得田之。”就是令人耕种之。刘向《说苑》：“使各居其宅，田其田。”前一田，就是耕种的意思。“田”有时特指发明耕种技术的神农，如《周礼·春官》：“击土鼓，以乐田。”大意是：敲起土鼓，让神农高兴。有时，“田”也指古代主管农事的官吏。《礼记·月令》:“(孟春之月)王命布农事,命田舍东郊”。郑玄注:“田,谓田畯,主农事之官也。”到了后世,“田”也用来泛指农民,如《宋书·袁湛传》:“薄畴亩之赋,而田喜矣。”即减少农田的赋税,农民是非常高兴的。

“田”字还有一个特殊的义项:狩猎。如《尚书·无逸》:“不敢盘于游田。”“游田”,即游猎。《韩非子·难一》:“焚林而田,偷取多兽,后必无兽。”这里的“田”也不是指耕种,而是指狩猎。用于这一义项的“田”,后亦写作“畋”。对“田”字这一义项的排序,有人产生了疑问:远古人类是先有狩猎后有耕种的,所以首先的义项应该是狩猎。为什么在造字之初,古人把表示田地的甲骨文字用来表示狩猎呢?这个“田”字在殷商时的原始本义,到底是“耕种的田地”,还是“狩猎”?于是,有人推测,甲骨文中可能有两个不同的“田”字:一个的本义是狩猎;另一个的本义是田地。当然,这仅是推测。在甲骨文未能提供充分考证材料证明之前,我们姑且还是沿用前人传统的说法。

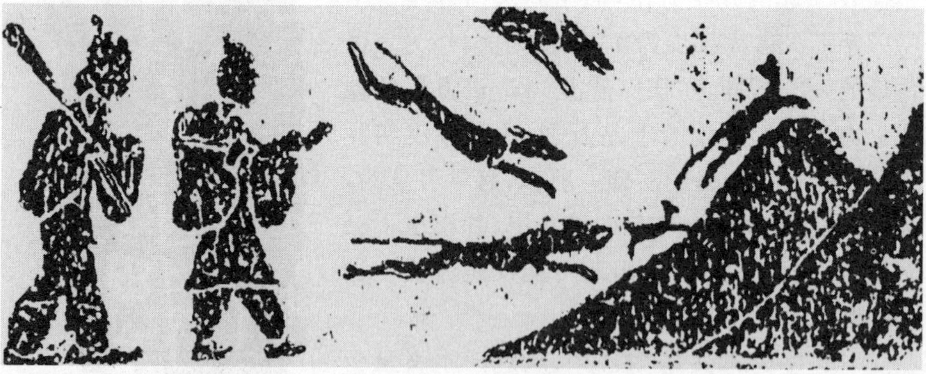

狩猎图　汉画像砖

引自左民安《细说汉字》,九州出版社,2006年。

在古汉语中,田、佃、畋三个字的词义既有相同又有区别。在打猎或者耕种的意义上,三个字可以通用。“田”有“农田”、“田地”的意义,而“佃”、“畋”二字却没有这一意义。当“佃”字读(diàn)的时候,则是指那种被迫租种官府或地主土地的人家，称为“佃户”、“佃农”。在这个意义上，“田”、“畋”二字又是不具备的。

“田”，也是汉字的一个部首，在汉字中，凡是由“田”字所组成的字，大多与田地或耕种有关，如“畴”、“畛”、“畔”、“畦”等字。其中，“畴”字的本义是指已经耕作的田地，如《荀子·富国》：“其田畴秽。”也就是说，已经耕种过的田地又被荒芜了。后来又引申为农田的分界，如左思《魏都赋》所说的“均田画畴，蕃庐错列”就是。从“分界”又引申为“种类”等。哲学上有一常用的术语——范畴，其含义就是从“田”字派生出来的。

古代乡村田园的生活宁静、纯朴，与世无争，吸引了许多政治上失意的文人士大夫投入到它的怀抱。于是，表达对乡村和乡村生活赞美的诗歌俯拾皆是，并形成了中国诗歌史上一个重要的流派——田园诗派。《诗经·豳风》中的《七月》，被钱钟书先生称为“中国最古老的四时田园诗”，“叙述了农民一年到头的辛勤生产和刻苦生活”（《宋诗选注》），但未免太写实，还缺乏闲适和悠然的诗意。陶渊明“采菊东篱下，悠然见南山”，则是流传千年的名句。这种毫无俗韵、追求自然的“悠然”，也是后世文人所向往的人生境界。在陶诗中，除了描写农村生活的真实景象，还有诗人身体力行的劳作。但是到了唐代，无论王维还是孟浩然，田园诗的主流就只剩下恬淡和悠然了。田园，更多地成为诗人情怀的寄托对象。尽管如此，田园诗在经过岁月的不断洗刷后，在艺术上依旧光彩照人。

辽阔的田野，以其宽厚的胸膛，默默奉献着五谷、养育着民众。一个简单的“田”字，其内涵同样也是博大精深、耐人寻味。

百谷之长——“禾”

锄禾日当午，汗滴禾下土。
谁知盘中餐，粒粒皆辛苦。

唐人李绅这首《锄禾》诗脍炙人口，它以最朴素的语言和形象，表现出古代农业文明的生活理念，成为了历代儿童教育的发蒙之作。一方面，它告诉我们，只有劳动，才能创造财富；另一个更重要的方面，启发人从小培养节俭意识，或者说养成一种“简朴为荣”的信念。

这首短短的小诗中，出现了两个禾字，都是指庄稼的禾苗。

“禾”字在早期甲骨文写作，其中为木，代表植物；用来表示在

"木"的末稍上下垂的谷穗。也有简写成之形的，也是在"木"的末稍增加下垂的谷穗形象，使其更像垂穗的禾本科农作物。在甲骨文中，"禾"的造字本义是古代谷类作物的总称。"禾"在卜辞中不仅有用作本义的，还用作其他意思。如"壬申贞奉禾于河"（《殷虚书契后编》上二二·三）中的"禾"是表示庄稼；"戊寅卜在禾贞步亡灾"中的"禾"用来表示古时的一方国名；"丁未卜贞妇禾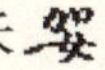四月"中的"禾"表示的是一人名。由此可见，"禾"在卜辞中是很常见的一个字。

金文写作或，基本承续了甲骨文字形。甲骨文字形和金文字形都像禾苗长出的谷穗的形状，上半部垂下来的点或线正像禾苗长出的谷穗和叶片，下半部像禾苗的茎干和根须。篆文写作，与我们今天的写法——在"木"上加一撇已很相似。

含有金文"禾"的青铜器《大禾方鼎》
引自李建伟、牛端红《中国青铜器图录》，中国商业出版社，2000年。

"禾"是古代谷物的总称。《诗·豳风·七月》："十月纳禾稼"，"禾稼"即为庄稼泛称。《说文解字》曰："禾，嘉谷也，二月始生，八月而孰，得时之中，故谓之禾。"《广雅·释草》云:"粢黍稻其采谓之禾。盖凡谷皆以成实为费,禾象穗成,故为嘉谷之通名。谷未秀曰苗,已秀曰禾。"作为汉字部首之一,后来从"禾"的字,其意义往往多与农作物有关。

翻阅字典,以"禾"为偏旁的很多字也都是粮食的不同品种。由于古代谷类作物种类繁多,常常导致一些名词的混乱,直到今天仍是如此。但是,作为谷物粮食总称的这个"禾",应该是最古老的。植物学家认为,它原是新石器时代出现在整个华北地区的各种野生的禾,至今仍有些生活在野生状态下。如各地常见的狗尾草,它的外形就像沉重的穗子垂挂下来的谷物,虽然普通,但也惹人喜爱。

"禾"字是中国谷类作物中第一个出现的汉字,后来其他谷类作物的名称都与它有着直接的关系。中国有着丰富的农作物资源。传说远古神农氏最早发明农耕技术,并开始播种"百谷"。此虽难免有夸张,但也说明当时的作物种类数量之多。后来又出现了"五谷"、"六谷"和"九谷"等说法。其中"五谷"说最为流行。从"百谷"到"五谷",并不是粮食作物的种类大幅减少,远古人们往往把一种作物以几种不同名称来命名,这样列举起来就多了。而且"百"字在古代有用来指多的意思,也并非真有百种。"五谷"这一名词的出现,标志着人们已经对事物有了比较清晰的分类概念,反映在当时古人观念中,主要粮食作物应有五种。

春秋战国时期,已有"五谷"之说出现,如《论语·微子》:"四体不勤,五谷不分",但后来说法却有不同。一说是黍、稷、麦、菽(大豆)、稻;一说是黍、稷、麦、菽、麻。这二说的主要区别在于稻与麻的有无。之所以出现不同说法,是因为当时的作物肯定不止五种,"六谷"、"九谷"说的并存就是一个证明。有学者认为,"五谷"说之所以盛行,可能是受到古代五行学说的影响所致。因此,概而言之,所谓"五谷",指的就是几种主要的粮食作物——五谷杂粮。把这二说综合起来看,共有稻、黍、稷、麦、菽、麻六种主要作物。《吕氏春秋》有四篇谈论农事的文章,其中《审时》篇,专门论述栽种禾、黍、稻、麻、菽、麦的农时问题。禾就是稷,正好和上面所说的六种作物完全相同。

所谓五谷，就是指这些作物，或是指这六种作物中的五种。另从《诗经》中可知，当时所种的粮食作物种类已有很多，《豳风·七月》也有"百谷"之称，但提到较多的还是黍、稷、麻、菽、麦、稻六种。

"禾"字像茁壮的禾苗一样，派生出了许多与粮食或粮食生产相关的字。这些字的词义后来逐渐发生转移，以致有点认不出它们的本来面目，比如年、季、秀等。

甲骨文的年字，写作𠀬，为人顶谷物舞蹈以祈求丰收，先民用禾的一次收获代表一年。这表明谷子是商代民众的首要作物。古代秋冬谷物丰收叫"年"，如《谷梁传·宣公十六年》："五谷大熟为大有年"；秋冬谷物欠收叫"歉"，如《广雅·释天》："一谷不升曰歉。"当禾谷收获后，人们头上插着禾谷，翩翩起舞，以庆贺当年的丰收。古代庄稼大都一年收获一次，所以先民们把禾谷从播种到成熟的周期视为一年。后来，"年" 由禾谷丰收引申为时间之"年"。人们收割完庄稼后，常常要庆贺一番，过一个丰收的节日。这个节日就叫"年"。"年"的概念产生，正是中国古代社会先民的一种农业文化心理的体现。

庆丰收

引自田金铎、张沈、子阳、林振民《庆丰收》，《美苑》1995 年第 5 期。

季字甲骨文写作，上面是禾苗，下面是婴儿，本义指的是幼嫩的禾苗，后来引申为年纪最小者。古代以伯、仲、叔、季来指兄弟之间的排行。伯仲指的是排行在前的，叔季指的是排行在后的，其中季又是指排行最小的。《诗·魏风·陟岵》：“母曰，嗟！予季行役。”毛传：“季，少子也。”春秋时吴国季札为吴王少子，故时称延陵季子。同时，季又可引申为一个时期或季节，如一年分春夏秋冬四季；也可表示一个季节或一个朝代的末期，如季冬指冬末时节即农历十二月，明季就是指明朝末年。

秀字金文写作，上面是禾苗，下面是“乃”，同奶，即哺乳之意，本义是谷物扬花抽穗。古人把谷物抽穗叫“秀”，不结穗叫“秃”。禾有结果表示丰收之意，《尔雅·释草》：“荣而实者谓之秀。”后引申为草木开花，如汉武帝《秋风辞》：“兰有秀兮菊有芳。”又引申为优秀的、出众的，如三国魏李康《运命论》：“木秀于林，风必摧之。”植物为秀，自然美丽而天成，才显得优异、出众，而生活中的做秀者未必聪慧之人。“秀”前面加上动词“做”或“模仿”，即是有意制造的意思。总之，不是本能所为，而是为了某种目的，有意制造出来的貌似优异的表现，包括言词和行为，就是“做秀”。

由此，我们可以给“禾”字作个正名。古代以稷为百谷之长，并把它奉为谷神，但实际上真正的百谷之长应该归位于禾。作为谷类作物中第一个出现的汉字，“禾”字催生了其他谷类作物的所有名称。我国自古以来就是以农立国，农民占了全国人口的绝大多数，每年风调雨顺、禾谷丰收，民众才有好日子过。在亿万农民心里，这“禾”字喻示的饱满禾穗，不正比金子还要宝贵吗？

美丽的“丝”绸

中国是丝绸的故乡，丝绸是中华文明的重要特征之一。

作为世界上蚕桑丝绸业的发源地，中国流传着许多与此相关的神话和传说。其中“嫘祖教民”是影响最大的。相传黄帝南下西陵，与当地的村女嫘祖结为夫妇。嫘祖秀丽聪慧，发明了养蚕、缫丝和纺织，并与黄帝一起组织部落里的成员，男耕女织，共同开创了华夏古代文明。这一传说以其天真美丽的幻想，艺术地概括了人们对蚕桑丝绸的认识，反映了中国古代先民对蚕桑丝绸的特有亲情。唐代赵蕤所题《嫘祖圣地》碑文称：“嫘祖首创种桑养蚕之法，抽丝编绢之术，谏诤黄帝，旨定农桑，法制衣裳，兴嫁娶，尚礼仪，架宫室，奠国基，统一中原，弼政之功，殁世不忘。是以尊为先蚕。”

传说中，古代的桑林是神圣的地方，古人各种重大的活动都在桑林中进行。成汤建商之时，天大旱，七年不收，汤乃以身祷于桑林。神话中扶桑是太阳鸟栖息的地方，远古时期，人们把扶桑看作是通向天堂的途径，而扶桑树是神圣的树名，它从桑树而来，是由两棵相互扶持的大桑树缩合而成。

考古发现证实了古老传说中的某些合理因素。至少在距今五千年前的新石器时代，我国长江和黄河流域已出现了丝绸的制作。上世纪五十年代，发掘浙江湖州钱山漾新石器时代遗址（约四千七百年前）时，就发现一块绢片和一段丝带。在殷商的甲骨文里，则已经有蚕桑丝帛的字样，说明丝绸的织造，到殷商时已经占据了一定的地位。

甲骨文的蚕字写作，是一象形字。小篆的蚕作（蠶），从二虫，上为声符，是形声字。后简化成“天虫”——蚕，含有上天赐予人类的益虫之意。桑字在甲骨文中写作，像一桑树之形。古代有“桑间濮上”地名，桑间在今河南濮阳西南，是五帝之一的颛顼故地。与桑蚕相应，丝字在甲骨文中也有大量出现，而在丝之前甲骨文已有糸字，往往用作人名。

“丝”假借作“兹”的甲骨文片

引自孟世凯《甲骨学辞典》，上海人民出版社，2009年。

“丝”的繁体为：絲，甲骨文中写作，像两根两头打了结的蚕线，是由两个”‘糸’构成。“糸”的意义是丝束的象形，甲骨文作、、，金文作，小篆字形作。从“丝”的字形可知其本义：是从蚕茧抽出的成缕的细丝。甲骨文也有写作，省去了两端的结头。金文写或，篆文则承续金文字形，写作，隶书作，将结头简写为三点。《说文解字》曰：“丝，蚕所吐也。从二糸。凡丝之属皆从丝。”段玉裁注“凡蚕者为丝、麻者为缕。”甲骨文丝又往往用作指事代词，相当于兹，也用作人名。

种桑养蚕在我国具有悠久的历史，这在古代典籍中多有记录。《尚书·禹贡》载，“桑上既蚕，是降丘宅土。”《诗经》所写就更多了。《七月》有“蚕月条桑”、“爰求柔桑”、“猗彼女桑”的记载；《干旄》有“素丝纰之”、“素丝组之”、“素丝祝之”的描写；而《氓》则有“氓之嗤嗤，抱布贸丝”的叙述。

据文献所记，周代的丝织品已是常见之物，但按当时礼仪制度，丝制品只限于奴隶主贵族享用，平民是穿麻织制品，叫“褐”。《七月》所写“载玄载黄，为公子裳”，是说把丝帛染成玄色、黄色，给贵族公子制作衣服。古代贵族重视祭祀，所以祭祀服装得玄衣黄裳。古代丝制品之所以珍贵，主要在于其制作的过程非常缓慢而艰辛。正如《后汉书·列女传》所言：“此织生于蚕茧，成于机杼。一丝而累，以至于寸。”

中国古代织造的丝绸，一直都是以华美艳丽著称的。它不仅是中国古人主要的衣着原料之一，也是中国古代对外贸易的重要商品。西汉时期，张骞出使西域，开通了著名的丝绸之路，建立了通往中东和欧洲的通道。从此，中国的丝绸和蚕桑养殖技术也随着丝绸之路传到了其他国家。后来也

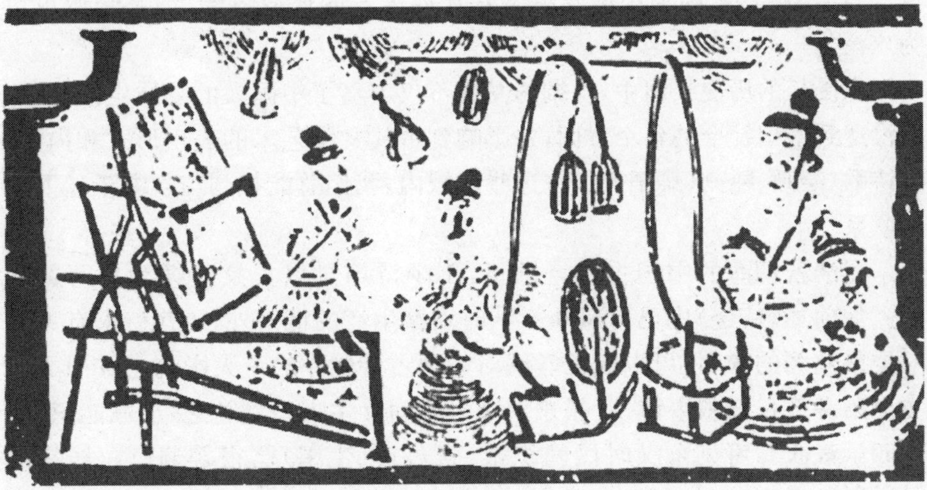

汉画像砖中的丝织场面
引自左民安《细说汉字》，九州出版社，2006年。

通过东南沿海港口，远销西亚和欧非两洲，深受世界各国特别是西方国家的欢迎。在古代的纺织品系列中，丝绸以其无穷魅力一直稳居于皇后宝座。许多国家的商人都喜欢经营中国的丝绸。因为丝绸制作不易，再加上远途运输，其售价极为昂贵，有时每磅丝料的价格竟高达黄金十二两。直到公元十三世纪以后，中国丝绸仍是西方市场的宠儿。

作为中华文明的重要特征之一，丝绸与我国的礼仪制度、科学技术等有着密切的联系。古代帝王以丝绸彰显其皇权的威严，百官用丝绸标识其等级；老百姓向蚕神祭祀，祈求蚕桑丰产，而朝廷每年下达劝课蚕桑的政令，并以此来考核地方官吏的政绩。从栽桑到养蚕，再从漂絮、缫丝、织锦、刺绣到成衣，丝绸的产业链可谓环环相扣，缺一不可。仿佛冥冥之中上天的安排，丝的漂絮启发了后来纸的发明，绸的印花则促成了后来印刷术的诞生。中国造丝术很早就已经发达了，而造纸术直到东汉才出现，所以“纸”字是“纟”字旁，说明两者具有内在的联系。可以说，没有丝绸，中华文明会因此而逊色不少。所以，有学者认为丝绸是中国第五大发明。这种说法自有其道理，因为中国丝绸文化比四大发明还要古老，涉及领域也更为广泛。

在漫长的历史长河中，丝绸的发展不仅丰富了中国人的物质生活，而且已渗透到中国社会的各个方面，并影响到古代文学艺术的表现形式和内涵，如诗歌、绘画、雕刻、舞蹈等。在这些领域内，我们总能找到与丝绸千丝万缕的联系。

在浩若烟海的中国古典诗歌里，不少诗篇是以蚕桑丝绸为描写题材的。如前述《诗经》中已有反映春秋时农桑生产的情景外，历代诗人有大量对蚕桑丝绸的描写，可以窥见丝绸对中国古诗创作的重大影响。我国文学史上第一部长篇叙事诗《孔雀东南飞》，描写女主人公刘兰芝“十三能织素，十四学裁衣”，可见东汉时民间织素（素，白色生绢）已很普遍。白居易的《琵琶行》提到“五陵少年争缠头，一曲红绡不知数”，只是描写中晚唐时那种奢侈的社会风尚。李商隐《无题》诗：“春蚕到死丝方尽，蜡炬成灰泪始干”，主要表达至死不渝的忠贞爱情，曾感动了无数的读者。宋代张俞的《蚕妇》所写：“遍身罗绮者，不是养蚕人”，已有感叹贫富不均，希望社会公正的意识了。

丝绸的兴盛开创了中华民族丝绸服饰文明的新时代。与此相应，丝绸对中国汉字的巨大影响，也是不可忽视的。“丝”是汉字一个重要的部首，中国第一部字典《说文解字》收录“纟”字旁的就有二百多个字。我们现在许多常用的词语都和“丝”有关，如经纬、组织、缔结、维系、继续、绰约、缴纳、纤维、缤纷等，简直不胜枚举。当然成语也与“丝”字难分难解，诸如“作茧自缚”、“络绎不绝”、“一丝不苟”、“丝丝入扣”、“千丝万缕”等，这些都是极为常用的。有意思的是，古人还喜欢用有彩色花纹的丝织品——锦，比喻美丽或美好的事物，由此产生“锦上添花”、“锦团花簇”、“锦瑟年华”、“衣锦还乡”、“锦囊妙计”等成语。或许在古人看来，最美丽、高贵、精致的莫过于锦绣这样的丝织品。至今，我们也常用“锦绣山河”来形容祖国山川之美。

有一个貌似不太雅观的成语也与“丝”直接有关，即“一丝不挂”。这一成语最早源于汉译佛经，原本为“寸丝不挂”，以鱼类不受钓丝的挂碍，比喻人不为世俗所牵累。如黄庭坚《僧景宣相访寄法王航禅师》诗：“一丝不挂鱼脱渊，万古同归蚁旋磨。”此外，也有“一缕不挂”、“一丝不著”、“不挂一丝”、“不挂寸丝”、“不挂一缕”等写法，后才固定写为“一丝不挂”。《汉语大词典》在这一义项下，引用宋代杨万里《清晓洪泽放闸》诗：“放闸老兵殊耐冷，一丝不挂下冰滩”，用于形容老兵的赤身裸体。其实，这一意义是相对较晚才出现的。也就是说，它的本义并不粗俗，反而倒是很有文化品位的。

谦谦君子，温润如“玉”

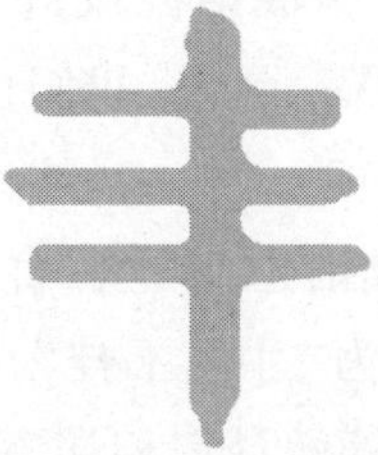

北京2008年奥运会开创了奥运史上许多新的记录，其中，奖牌设计也可谓别出心裁。它以“金镶玉”为创意，突破了以往奥运会奖牌都是单一材质的传统，又融入了典型的中国文化元素。金和玉，在中国传统文化中历来象征高贵与纯洁，而“金镶玉”则又寓有“金玉良缘”之意。奖牌正面为国际奥委会规定图案——古希腊胜利女神和潘纳辛纳科竞技场，背面则镶嵌着取自中国古代龙纹造型的玉璧，背面正中又镌刻着北京奥运会会徽“中国印”。整个奖牌典雅尊贵，既充分体现了对运动竞技的礼赞，也形象诠释了中华民族自古以来以“玉”比德的价值观，是西方奥林匹克精神与东方中华文明的一次完美结合。

这一设计不仅符合国际奥委会的相关规定，也向世人彰显了“玉”的高贵品质。国际奥委会执委会在批准这一设计方案的确认函中称赞道：“北京奥运会奖牌将被证明是一件艺术品。它们高贵，是中国传统文化和奥林匹克精神的结合。我们对北京奥运会奖牌设计方案表示祝贺！”

“玉”字在甲骨文写作，也可简化成，像用绳子联贯在一起的一串玉璧的形状，造字本义当指温润而有光泽的玉器或宝石。金文“玉”多作之形，与“王”字相似。篆文承袭金文字形，仍写作，从隶书开始在“王”字上加一点，变成指事字，以区别于原来的“王”。《说文解字》曰：“玉，石之美者，有五德。润泽以温，仁之方也。”“玉”又是《说文》的一个部首，汉字中凡从“玉”的字大都与玉石或玉器有关。

古文字中“王”与“玉”的字形相同，应该不是偶然的巧合，两者之间或存在着一定的联系。“王”在甲骨文中写作，本义是战场上的最高统帅，后特指君王。《说文》释曰：“王，天下所归往也。”同时还引用董仲舒的话说：“古之造文者，三画而连其中，谓之王。三者，天地人也。而参通之者，王也。”意为凡能精通天、地、人者，则天下之人都会归顺他，这样的人就可以当帝王。《说文》段注解释玉的字形，为“三玉之连贯也”，即三横一竖象征一线贯穿着三块美玉。而“三玉之连”实际上亦有代表“参通”天地人之意。《周礼·大宗伯》记载周人以玉作六器，以礼天地四方。在古人看来，玉能代表天地四方以及帝王，通过它，便能沟通天、地、人之间的美好愿望，传达上帝的意志。

“玉”字在金文和篆文中并没有一个点，看上去与君王的“王”写法相似，其实是有区别的。篆文“玉”（）的三横疏密均匀，而“王”（）的三横上密下疏，即上空小，下空大。尽管如此区别，但仍容易混淆。为此，从隶书开始就以不加点为“王”，加点者为“玉”。古人为什么要在“王”字上加一点为“玉”呢？也许是用以表示有瑕疵的玉，这一“点”就点出了玉的瑕疵的所在。由此看来，古人还是很懂得辩证法的，世界上并没有尽善尽美的东西，即使是白玉也有瑕疵。玉是一种质地细腻温润而色泽透明的矿石，可用来制造各

种装饰品或作雕刻的材料。而在古人心目中，玉是一种神奇的有灵性的物体，通过它可以得到神灵的保佑。《拾遗记·高辛》载："丹丘之地有夜叉驹跋之鬼，能以赤马瑙为瓶盂及乐器，皆精妙轻丽，中国人有用者，则魅不能逢之"。人们相信玉具有一种超自然的力量，平时佩戴玉器，可以防御邪气的侵袭，驱灾避祸，并能延年益寿。《红楼梦》中的"通灵宝玉"便是贾宝玉的命根子。

含山凌家滩玉鹰
引自蔡凤书《国宝发掘记》，齐鲁书社，2004 年。

直到今天，许多人还有佩戴玉饰作为护身符的偏好，把玉雕的观音菩萨或佛像，用一根同样能够驱邪消灾的红绳相串，挂在脖颈上，从此人和玉便长相厮守。在中国民间本有"人养玉，玉养人"的说法。现代科学证明，许多玉石含有丰富的、对人体有益的微量元素，如果经常佩戴玉饰品，能使这些有益的元素通过皮肤的浸润，进入人体，从而平衡阴阳气血，促进身体健康。

在所有的珍宝玩物中，玉与中国传统文化的关系最为密切。考古证实，早在距今五千多年前，玉石制品就已经存在于先民的生活中。玉特有的那种圆润光滑、色泽柔和、温凉适中的质地，给人的感觉是一种恰到好处的美。它不像黄金那样富贵，也不像钻石那样耀眼，而是如此温馨、宁静而柔和。在中国人的心目中，玉又是高贵、纯洁的象征，代表着人的高尚品格。两千多年前，《诗经·秦风·小戎》有曰："言念君子，温其如玉"，就将玉的光润温暖与君子的温良品性联系在了一起。古代君子为人谦和，如《易·谦》所云"谦谦君子，卑以自牧也。"故人们把君子与玉加以类比。《礼记·聘义》中说："君子比德于玉焉，温润而泽仁也。"春秋年代，文人就以佩玉在身来表明自己是一位谦谦君子，不遇凶丧之事不会解下来。故《礼记·曲记》曰："君无故玉不去身。"

古人把玉作为君子品德的象征，有其内在的道理。因为，玉的光芒是内敛的，时日越久，越能感觉其韵味，而君子虽有雍容自若的神采，却不事张扬，不露锋芒，生命的状态呈现出一种如同美玉一般成熟的圆润。对此，较为流行的是"五德"说。"五德"按许慎《说文》的说法是"仁、义、知、勇、洁"；按刘向《五经通义》说法是"仁、义、礼、智、信"。所谓："玉有五德：温润而泽有似于智；锐而不害有似于仁；抑而不挠有似于义；有暇必见于外有似于信；垂之如坠有似于礼。"此说更与儒家"五常"之说直接对应。另还有九德、十一德等多种说法。

在中国古代社会，玉器又是政治等级制度的重要标志器物。周朝起即用玉作为祭器，将其视为至高无上的伦理象征。春秋战国有"六瑞"的使用规定。"瑞"，《说文》释为"以玉为信也"，即王侯的权力标志。《周礼·春宫》中玉作"六瑞"，为镇圭、垣圭、信圭、躬圭、谷壁、蒲壁等六种玉器，分别代表王、公、侯、伯、子、男六种不同等级的权力标志，以圭的尺寸大小和壁面纹饰的不同来区别等级的高低。天子（王）用尺寸最大的玉器——镇圭，后按级别逐一减小。另外，历代帝王、大臣的冠服带履等，也均以玉饰作为等级的标志。从秦朝开始，皇帝采用以玉为玺的制度，玉玺成为君权的象征，并一直沿袭到清朝。

玉壶

引自蔡凤书《国宝发掘记》，齐鲁书社，2004年。

玉是中国人生活中的一个重要组成部分，不仅深深影响了古代中国人的思想观念，而且成为中国文化不可缺少的一部分。神话传说中，玉皇大帝所居的凌霄殿和西王母娘娘所住的昆仑山，都是玉石构成的琼楼瑶池，玉树琼花；而嫦娥奔月居住的广寒宫，虽是冷清，也有玉兔与之为伴。我国最早的诗歌总集《诗经》中，已有不少有关玉的名句，例如"投我以木瓜，报之以琼琚；投我以桃李，报之以琼瑶……"这里的"琼瑶"、"琼琚"指的都是珍贵的玉器。

汉字中从玉的字大多与珍宝有关，而用玉组成的词则是难计其数。在古代诗文中，比喻和形容美好的人或物总离不开玉。如以玉喻人，有玉颜、玉体、玉女、亭亭玉立等；以玉喻物，有玉膳、玉食、玉泉、玉带、玉宇等。以玉组成的成语，则有金玉良缘、金玉满堂、金科玉律、玉树临风、玉液琼浆、冰清玉洁、珠圆玉润、抛砖引玉等。还有许多民间传说也与玉有关。对此，清末学者俞樾在《群经评议・尔雅》云："古人之词，凡所甚美者，则以玉言之。《尚书》之'玉食'，《礼经》之'玉女'，《仪礼》之'玉饰'，皆是也。"

亲爱的读者，当你在收藏或鉴赏中国古代玉器的时候，不要光注重它们的材质或工艺价值，还要了解它们深刻的文化内涵。这样，你才是一个真正的爱玉者。

文化载体

“笔”的传说

笔是人类用于书写的工具，人类自发明文字起就与笔结下不解之缘。

远古先人在创造文字时使用尖硬的石器、兽骨和树枝在石壁、树皮、甲骨上进行刻字，这大概可算是笔的雏形吧。当人类学会冶炼金属并用于制造生产生活工具时，也催生了真正用于书写的笔。古埃及人最早用铜片打成笔尖，缚在可蓄墨水的木管中，这被认为是人类最早的自来水笔了。后来，人们又用鹅毛、鸭毛、兔毛、羊毛等原料来制笔，不仅比以往的笔更适宜在柔软的纸上书写，而且大大加快了书写速度，这在笔的发展史上有着重大的突破作用。其中，毛笔是古代汉民族独具特色的书写、绘画工具，它与西方民族使用的羽毛笔迥然相异。当今世界上虽然流行铅笔、圆珠笔、钢笔、

湖笔
引自高红十《笔歌——湖笔的前世与今生》,《江南》2010 年第 6 期。

电子笔等,但毛笔的作用却是替代不了的。

“笔”的繁体字为“筆”,是个会意字。最初表达“笔”意义的并非“筆”字,而是“聿”(yù),即“聿”是“笔”的本字。在甲骨文中“聿”写作、、、等形体,虽然字形各异,但都像用手抓着一支毛笔的样子,其造字本义是表示由木杆和兽毛制成的软性书写工具。聿在甲骨文中不仅可以用来表示本义,还可以用来表示地名,如卜辞“于聿田女二月”(《殷虚文字甲编》一九二五)中的“聿”就是一地名。

到了金文,聿的笔画更加圆滑,写作、,也是以手持笔的形状。这种原始的笔有较粗的笔杆,杆头上的分叉代表兽毛构成的笔毛。也有的字形,省略了笔毛,就只剩下了笔杆。

早期的毛笔多用木杆,传说秦代蒙恬造笔,改用竹管,故小篆的“笔”字增加竹旁，写作筆，突出“笔”的竹材材质。“笔”字在俗体楷书中才开始写作笔，宋代字书《集韻》：“筆，或作笔”，更强调毛笔以竹管和兽毛为材料制成。《说文解字》曰：“聿，所以书也。楚谓之聿，吴谓之不律，燕谓之弗。”又曰“筆，秦谓之筆。从聿，从竹。”这些话至少说明了：一、笔在汉代，就流行于中国大江南北许多地方。二、笔的初文应是“聿”，后来才加上了“竹”旁，以显示制笔的原料。三、所谓“不律”，其实是古代汉语中的方言写法，这证明了上古的汉语中，的确有这一类读成复辅音的字，很可能上古“笔”字就读“不律”。

晋崔豹《古今注》云：“古之笔，不论以竹以木，但能染墨成字，即谓之笔。秦吞六国，灭前代之美，故蒙恬得称于时。蒙恬造笔，即秦笔耳。以枯木为管，鹿毛为柱，羊毛为被，所谓苍毫也。彤管赤漆耳，史官记事用之。”据民间传说，毛笔是秦国大将蒙恬发明的。秦统一六国后，蒙恬率军击溃匈奴，收复了大片土地。当时蒙恬为奏报战事颇伤脑筋。因为原来奏章都用刀刻竹简，耗时费力。情急之下，他随手从士兵长矛上撕下一撮红缨，绑于竹杆，并蘸墨在白绫上书写，由此大大加快了写字速度。此后，又利用当地狼毛和羊毛做笔头，制成了早期的狼毫和羊毫笔。因此，旧时制笔行业中，蒙恬一直被供奉为行业祖师爷。其实，依据考古文物推断，笔的发明创造渊源当更为久远，同时，也有一个逐渐改进的漫长过程。

毛笔的使用，在中国具有非常久远的历史。虽然西周以前迄今尚未见有毛笔的实物，但从史前的彩陶花纹、商代的甲骨文上可找到些许古人用笔的迹象。在距今六千至七千年的西安半坡遗址中出土的彩陶器上，有许多颜色协调的图案，如人面纹、鱼纹、波折纹等，其笔触古朴典雅，线条流畅，显然是用毛笔描绘出来的。在出土的商代甲骨和陶器上，有一些未经契刻的朱、墨字迹，也明显是毛笔所写。东周的竹木简、缣帛上已广泛使用毛笔来书写。由此可知毛笔起源于殷商之前。1978 年在发掘湖北省擂鼓墩曾侯乙墓时，发现了春秋时期的毛笔，该笔是目前考古发现最早的笔。春秋、战国时各地对笔的叫法不一，有“笔”、“聿”、“不律”等多种名称。直到秦统一天下，实行“书同文，车同轨”，才将笔的各种不同叫法统称为“笔”。

在毛笔的发展过程中，笔杆变化并不明显，因为笔杆优劣主要在于圆直程度，所以后来一般都以竹杆作原料。也有用象牙、犀角、玉石、紫檀木等名贵材料制作笔杆的，但实用性不强，不光价格昂贵，而且份量太重，与笔头的比重不相称，以至影响书写，所以只能用于收藏。

毛笔的使用，关键在于笔头，笔头的变化，不仅是书法、绘画艺术进步的要求，也反映了历代文人的趣味倾向。从原料来讲，古人用笔较今人硬朗，多用鼠须、兔毫、鹿毫、狼毫，甚至麝毛、猪鬃、猩猩毛等；当然也有喜欢软笔的，用鸡毫、羊毫等。硬笔弹性较大，据说钟繇、张芝、王羲之等大家都用鼠须笔。古人喜欢硬笔，这大概与古人因无高桌，跪坐悬肘于低案书写有关，其笔头不仅要尖齐圆健，还要腰硬。鸡毫性软，尚有人用；羊毫笔则一直到清嘉庆以后才开始盛行。之后，硬毫笔开始逐渐衰落，至今，用硬毫笔的人就更少了。当然用两种以上的毫制成的的兼毫笔，可软硬兼施，更受书画家们的喜爱。除了原料，以笔头长短区分，出现了“长锋”、“中锋”、“短锋”的不同型号；笔头按大小粗细又分大、中、小楷；最小有圭笔（主要用于画小细节用的），大的有以号系列的联笔、屏笔、楂笔、斗笔等等。现在，甚至出现了几尺锋、丈余杆的巨笔，可书写篮球场般的大字，以满足现代人创造现代艺术的欲望。

毛笔作为我国一种独特的传统书写、绘画工具，它与墨、纸、砚一起被称为“文房四宝”。文房四宝中，笔居首位，似乎也只有笔由古代文学大家立过传。中唐韩愈因长期被黜，心有不甘，便作《毛颖传》抒发不平。这是一篇千年传诵的奇文。文章构思精巧，用拟人的手法，郑重其事地为一支蜕了毛的兔毫毛笔立传，并且煞有其事的考证它的祖先谱系——一个具有神秘色彩的家族。作者借用毛颖——兔毫毛笔一生的遭遇，讽刺了当世人情的冷落以及统治者的寡恩薄情。自《毛颖传》传世之后，毛笔又有“毛颖”、“管城子”、“中书君”等别名，可谓高雅别致矣。

社会发展到今天，笔早已不是稀罕之物了。今天的人们，习惯把笔分成

明代瓷器羊毫和笔盒
引自左民安《细说汉字》，九州出版社，2006年。

两大类：软笔与硬笔。毛笔制作除了兽畜禽毛之外，人造纤维等新材料的大量使用，使其种类更加花样翻新，极难罗列尽致。随着科学技术高度发展，现在硬笔的种类及其功能也是层出不穷，钢笔、圆珠笔、铅笔、蜡笔、粉笔、塑料笔，甚至盲人笔、化学笔、电子笔等等，不一而足。硬笔书法也日渐成为与毛笔书法大相径庭的一门独立的艺术。

笔的不断变化与更新，使它的家族越来越壮大，不仅拓展了各种新的艺术领域，也大大丰富了传统书法、绘画的艺术表现力。

“墨”香飘逸

墨，是中国“文房四宝”中的一宝。历代文人写字绘画，墨香飘逸，成了不可缺少的创作氛围。

有道是：墨有五色，墨分六彩。此语可谓玄矣，实乃体现了中国传统艺术的主要特征。比如中国画，是纯用水墨所作之画。其艺术特点是以笔法为主导，充分发挥墨法的特殊功能。“墨有五色”，指墨的浓淡变化就是颜色的层次变化；“墨分六彩”，是指色彩缤纷可以用多层次的水墨色度来代替。唐宋人画山水多用湿笔，出现“水晕墨章”之效；元人始用干笔，墨色更多变化，又有“如兼五彩”的效果。和国画一样，书法也是一种黑与白的对比和变化的艺术。所不同的是，书法比之绘画更抽象，是一种线条符号艺术，具有

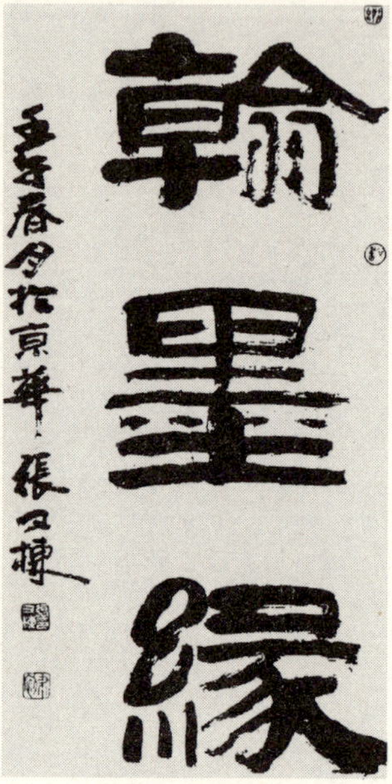

张又栋书法作品

引自杨再春《书法章法技巧》，北京体育大学出版社，2010 年。

音乐和数字一般的抽象意义。在书法艺术中，有人说黑是“加”的艺术，白是“减”的艺术，而使这二者变化多端、奇妙无穷的，就是墨。

“墨”最早见于古陶文字，写作，是一上下结构的会意兼形声字，上为“黑”，下为“土”。造字本义可理解为黑色泥土，后引申为用松烟灰等制成的黑色颜料。“黑”字在金文中写作，像一个人身上、脸上沾满烟灰；亦可作之形，突出了脸上的污点。“墨”的篆文写法承续古陶字形，写作。隶书写法变形较大，把篆文字形上面“”写成，误将原人形写成，又将沾灰的脸写成。《说文解字》曰：“墨，书墨也。从土从黑，黑亦声。”宋应星《天工开物》云：“凡墨烧烟凝质而为之”。

古代最早的墨产生于新石器时期。虽然古籍文献中并无关于远古人类用墨的文字记录，但是近代以来考古发掘中出土的大批彩陶文物可以印证，那种涂在陶器上的黑色颜料就是原始的墨。由于远古生产力水平的低下，原始先民用于陶器上作装饰纹样的颜料自然简单和粗糙，他们可从森林草木燃烧过的灰烬中，或从烧煮器物的底部来获取这种黑色物质，用以装饰器具，美化生活。在考古发掘中，还发现了古人先行书写再行刻划的现象，书写的材料就是含碳的黑色颜料和红色的朱砂。如河南殷墟出土的一些甲骨文字上，有用朱砂和墨书写的痕迹，这证明朱砂和墨在殷代就开始被巫师用来书写文字了。在商代一些石、玉、陶器的表面，也曾发现过墨书的遗存痕迹。

在长期的生活实践中，我们的祖先发明了利用天然的石墨磨粉调汁来书写。石墨大约出现于商周时期，其外部有金属光泽，硬度较低。精制的石墨粉末颗粒细，书写效果较好。在中国传统的制墨历史上，这是第一次重要的变革。到了秦汉时期，为了书写方便，出现专门制造的松烟墨。松烟墨是用松木烧出的烟灰，再拌以漆、胶制成。其特点是浓黑无光，质细易磨，远胜于天然的石墨。考古学家在湖北省云梦睡虎地秦墓和江陵凤凰山西汉墓中就发现了松烟墨的遗物，这种墨与《说文》所云"墨者黑也，松烟所成"相同。从此，人们告别了使用天然墨的时代，为后来制墨业的发展奠定了基础。

至魏晋时，始有墨丸产生。这是一种成型的墨，用漆烟和松煤相合制成，使用时调水在砚上磨成墨汁。此即后来墨的基本雏形。明陶宗仪《辍耕录》卷二十九《墨》条概括："上古无墨，竹挺点漆而书。中古方以磨汁或云是延安石液。至魏晋时，始有墨丸，乃漆烟、松煤夹和为之，所以晋人多用凹心砚者，欲磨墨贮沈耳。"

文字记载中的第一个制墨人，是三国时的韦诞。南齐王僧虔《论书》称："仲将（韦诞字）之墨，一点如漆"。据记载，韦诞制墨，特选醇松烟一斤，胶五两，和入生漆，又以麝香、朱砂等名贵材料调合后，用杵在铁臼中反复相捣而成。晋代起不断改进用胶配方，才使墨产生光泽。西晋文学家陆机所写的《平复帖》问世已有一千六百多年，至今字迹仍清晰醒目，这是世界上保存下来的写在纸上的最早墨迹了。至唐末，奚超和奚廷珪父子首创以捣松和胶等材料造墨，其墨色"丰肌腻理，光泽如漆"，因此得到南唐后主李煜的赏识，特赐姓李，时有"黄金易得，李墨难求"之美誉。

宋代墨工张遇利用徽州的优质松烟、（桐）油烟制墨，将墨由单纯的松烟墨，推向与油烟墨并举发展的新时期。油烟墨是用油烧烟（桐油、麻脂油、石油等皆可作原料），再加胶料香料等制作而成。油烟墨较松烟墨色淡，但光泽较亮，所以后来的制墨家喜欢将松烟油烟混合制墨，使二者长处兼而得之。油烟墨较松烟墨更被书画家们所推崇。宋时所称的"墨妖"，即以名贵的苏合油搜烟成墨，有"一斤黄金一两墨"之说。宋朝徽州成了全国的制墨中心。这里产的"徽墨"名扬天下，制墨名家胡开文、曹素功等，至今仍声名不衰。清代光绪年间，谢松岱、谢松梁兄弟创立名叫"云头艳"的墨汁，改固体墨为液体墨。墨汁的出现虽然只有一百多年，但已取代了墨块，为中国书法绘画史上墨的又一次革命。

俗话说“近朱者赤，近墨者黑”。在中国古代，墨不光与人们的文化生活关系密切，还被赋予一定社会意义的色彩。墨在商周时亦指占卜灼烧龟甲裂开的纹路。《礼记·玉藻》：“卜人定龟，史定墨”。清人孙希旦《集解》曰：“谓墨者，卜以墨画龟腹而灼之，其从墨而裂者吉，不从墨而裂者凶。”汉杨雄《太玄经·法》：“物仰其墨，莫不被则。”后历代多以“绳墨”喻法度和法律。唐骆宾王有《叙寄员半千》诗：“嗟为刀笔吏，耻从绳墨牵。”古代官场又有“墨吏”之说，所谓“墨吏”，即贪官污吏，是古今法律惩处的对象。商周时期有“墨刑”，为古代五刑之一，即在犯人脸上刺刻并涂以特制的黑色墨水，以示惩处。《汉书·刑法志》：“墨，黥也。凿其额以墨涅之。”秦汉时仍沿袭，但改称“黥刑”。墨的这些用途，已与古代文人的笔情墨趣相去甚远了。

乾隆御墨

引自王毅《古墨》，上海文化出版社，2008 年。

历代文人书画家都好墨，墨也自然成为被收藏家青睐的珍品，所谓“墨宝”不仅指书画作品，也指墨本身。古人作书绘画，墨是随时所用之物，而佳墨不易觅得，所以历来被人喜爱，遇上珍品就要多存一些备用。起初收藏是为了实用，但随着墨的质地、品相越做越精美，本身就变成了艺术品，逐渐成为观赏的文物，于是形成“藏墨”之风。北宋司马光、苏轼、苏辙皆有好墨之名。苏轼还专门写诗赞美墨的精美：“徂徕无老松，易水无良工。珍材取乐浪，妙手惟潘翁。鱼胞熟万杵，犀角盘双龙。墨成不敢用，进入蓬莱宫。”（《孙莘老寄墨》）诗中的“潘翁”即北宋制墨名家潘谷，据说他所制的“潘谷墨”被誉为墨中神品，“香彻肌骨，磨研至尽，而香不衰”，难怪苏轼舍不得使用而要加以珍藏。

古语有云，“非人磨墨墨磨人”（苏轼《次韵答舒教授观余所藏墨》），意为不是人在磨墨，而是墨在磨砺人的性格意志。那是因为古人挥毫写字作画，非墨不可，而墨须现磨（早磨易干），遇上文思泉涌之际，提笔欲挥，却又要赶紧磨墨，不仅耗费时间，有时还会影响艺术效果。磨墨方法亦有讲究，或按顺时针方向周而复始地重按慢推，或从上至下来回拖推，均要求墨身垂直，悬肘执墨，切不可急于求成。加水时要一点点地加，不可一次太多，且必须用清水磨墨。

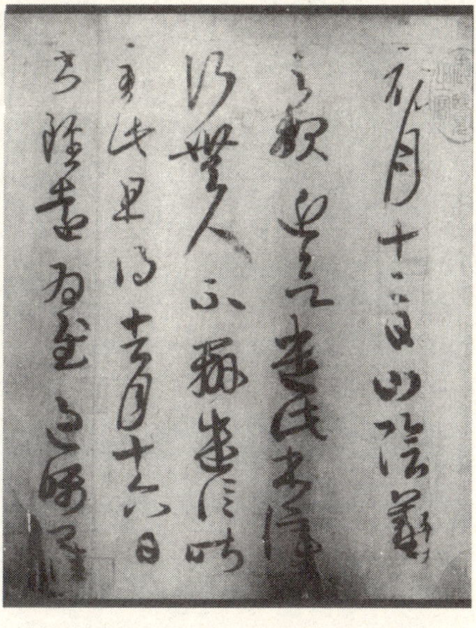

王羲之《初月帖》

引自刘守安《中国书法艺术史》，宁夏人民出版社，2003年。

与古代相比，如今制墨工艺更为先进，墨汁的质量比人工手磨之墨也相差无几，所以当代书画家可以在连续创作和创作大幅作品时，已不需为研墨耗费时间和精力。加上现代书法已完全脱离实用，成了纯粹高雅的艺术，磨墨便成了一种消遣。偶尔磨墨，不但不苦，反而另有一番情趣。

“纸”的记忆

纸在文房四宝中属后起之辈，较之笔、墨、砚，其产生的时间是最晚的。

我们知道，文字的记载和传播需要相应的物质载体，汉字最初的载体并非纸张。根据史书所记，中国古人在发明文字之前是用结绳来记事的，有了文字之后，便出现了许多不同的载体。古人有将文字刻划在陶器上，产生了古代陶文；刻在岩石上的，称为岩书；在龟甲兽骨上刻辞，又产生了殷商甲骨文；在青铜器上铸刻铭文则产生了金文。可以想见，这些文字无论刻写还是阅读，都极为不便，因而后来又出现将文字写在竹木片上的“简牍”，或将文字写在丝织品上的帛书。简牍和帛书较之前虽有很大改进，但仍显笨重或

造纸流程(局部)
作者摄于 2012 年 6 月 28 日

成本过高。正是在经历了众多的文字载体尝试后，中国人终于发明了造纸术。

与纸的产生时间较晚相应，“纸”字当然也不见于古老的陶文、甲骨文和金文。睡虎地秦简中的“纸”写作[古文字形]，在篆文中它写作[古文字形]，是一个左右结构的合体字。左边[古文字形]（糸）为形旁，表示其原料为丝织物；右边[古文字形]（氏）是声旁。造字本义是以粗绵为原料制成的绢布，古人用作写字作画的材料。隶书写作[古文字形]，将篆文的[古文字形]改写成[古文字形]。“糸”本是一象形字，甲骨文写作[古文字形]，像在一根卷曲的蚕丝的两端加上结头，本义就是细丝。《说文》曰：“糸，细丝也。象束丝之形。”“糸”后来作为单纯汉字部首，与丝织品有关的字都以它为形旁。那么，一个“纸”字，怎么会与古老的丝织品扯上了边呢？这还需从生产纸的最初原料说起。

《说文解字》曰：“纸，絮一苫也，丝滓也。从糸，氏声。”也就是说，原始的纸是茧衣、缫丝过程中产生的废丝，以及漂絮时留存的丝屑纤维形成的一种薄绵片。这种絮片比起缣素来要低廉许多，但强度不及缣素。后来，就专门用此种丝滓来制作絮片用以写字。因为它是由丝组成的，故取名曰“纸”，并从“糸”旁。唐人徐坚《初学记》曰：“古者以缣帛依书長短随事截之，名曰幡纸，故其字从糸。至后汉，蔡伦剉故布捣抄作纸。”元人熊忠《韵会》曰：“古人书于帛，故裁其边幅，如絮之一苫。”

纸是我国古代科学技术的四大发明之一，它与指南针、火药、印刷术一起，给我国古代文化的繁荣提供了物质技术的基础。纸的发明结束了古代简牍繁复的历史，大大地促进了文化艺术的传播与发展。大约到了晋代，简牍与帛书完全被纸所取代，自动退出了历史舞台。

一般人皆知，纸是在东汉由蔡伦发明的。据范晔的《后汉书》记载：“自古书契多编以竹简，其用缣帛者谓之为纸。缣贵而简重，并不便于人。伦乃造意，用树肤、麻头及敝布、鱼网以为纸。元兴元年，奏上之。帝善其能，自是莫不从用焉，故天下咸称蔡侯纸。”这是最早的关于蔡伦造纸的历史文献记载。从中，我们可知，蔡伦造纸使用的原材料是树皮、麻头、旧布、渔网等低廉的物品，经过挫、捣、抄、烘等多道工艺，制作成功了真正意义上的纸。这样的纸由于成本低，很快就得到了推广应用。

蔡伦
引自孙建华《漫步名人故地》，
中国社会科学出版社，2005 年。

近年的考古发掘，对此提出了疑问。按目前出土古纸的年代顺序排列有：西汉早期的放马滩纸，西汉中期的灞桥纸、悬泉纸、居延纸，西汉晚期的旱滩坡纸等。这些纸不但都早于蔡伦纸，而且有些纸上还有墨迹字体，说明已用于文字的书写。蔡伦之前虽已有纸，但若用历史发展的眼光来看，这无损于蔡伦作为造纸术重大改良者的功绩。正是蔡伦的重大改良，才使纸与丝（缣素）得以分道扬镳。进入了真正实用的阶段，并迅速地推广开来。

随着社会生产力的发展，造纸的原料逐渐增多。魏晋以后，人们开始采用稻草、麦秆、麻竹、苧麻等材料造纸。东晋时，大麻被用于造纸，这种材料造出的纸质地坚韧、洁白，耐水性强，被认为是宣纸的雏形。南朝时安徽歙县等地出产的一种银光纸名闻天下，当时梁武帝写《咏纸诗》赞曰："皎白如霜雪，方正若布棋，宣情且记事，宁同鱼网时。"可见其喜爱之情。

隋唐是我国古代造纸术发展的鼎盛时期，这时的古纸品种和式样已有相当规模。著名的有扬州麻纸和以青檀树皮为原料制成的宣纸，特别是宣纸的精品——澄心堂纸，一直到北宋都被公认为是最好的纸。南唐李后主因爱澄心堂纸，特地建"澄心堂"加以贮藏。唐代还出现了造纸的染色工艺，仅四川的蜀笺，就有深红、粉红、明黄等十种颜色。到了宋代，随着雕版印刷业的兴起，原发明于晋代适宜印书的竹纸大为盛行。此外，纸的生产技术也得到了不断改进和提高，加工中还配以蜡、胶、矾等辅料，使纸张变得更为光润、平滑，便于印刷。

文人墨客对用纸多有讲究，历代名家涉及名纸的诗句有：

"四幅花笺碧间红，霓裳实录在其中。"（白居易《霓裳羽衣歌》）

"浣花笺纸桃花色，好好题诗咏玉钩。"（李商隐《送崔珏往西川》）

"麦光铺几浮无瑕，入夜青灯照眼花。"（苏轼《和人求笔迹》）

"榲玉砚凹宜墨色，冷金笺滑助诗情。"（陆游《秋晴》）

"古琴百衲弹清散，名帖双钩拓硬黄"（陆游《北窗闲咏》）

"锦笺传草春词好，银烛烧花夜枕安。"（郭钰《和寄龙长史诗》）

以上诗句中的"花笺"、"浣花"、"麦光"、"冷金笺"、"硬黄"、"浣花"、"锦笺"，都是当时有名的纸，故深得诗人的喜爱。

我国民间曾有敬惜字纸的习俗，这或与中国人对文字的敬畏感分不开。老人经常告诫家里小孩，写有字的废纸不可随意丢弃践踏，而需丢入字纸篓。原来，古代有人专门收集废纸后焚烧成灰，用以祭祀造字之祖——仓颉，然后将字灰送入江海，称为"送字灰"。相应地，各地亦出现了专为焚烧字纸的"惜字塔"，以及专门收集废纸旧书加以焚化的惜字会。清朝有《惜字律》，劝人敬惜字纸。各类佛经以至笔记小说也多有劝谕爱惜字纸的故事。明刘宗周《人谱类记》记载，宋代状元宰相王曾的父亲"见字纸遗弃，必拾而以香汤洗之，然后焚化”，后神灵托梦，老来得子，即王曾也，终为大宋一代名相。这是一则广为流传的敬惜字纸的典故。

如果客观地认识这一民俗的积极与消极因素，对于今日大众文化乃至精神文明建设不无借鉴意义。去掉因果报应的成分，我们也不必提倡再去焚纸，那与环保理念不符，而且废纸尚可回收利用，但这种尊重文化的传统还是值得我们加以弘扬的。

“砚”趣

砚，俗称砚台，是人们书写、绘画时研墨所用的工具。在文房四宝中，砚虽然排名最后，位居殿军，但从实用价值而言，却可居于领衔地位。宋苏易简《文房四谱》曰：“四宝砚为首，笔墨兼纸，皆可随时收索，可终身与俱者，惟砚而已。”此言不谬。笔容易衰颓而弃，墨也有研磨而尽，纸则易受潮或发脆，唯砚者质地坚实，可与主人厮守终老，亦可传之后世。所以，古代文人对砚十分重视，不仅终日相随，而且还有用之随葬。现今社会上收藏的“四宝”中，也以砚最为多见，说明其受人喜爱的范围最为广泛。

“砚”的繁体字为“硯”，在大篆中写作，是一个左右结构的形声字，从石，见声。左边为形旁，表示所用材料为石头；右边为声旁。“砚”是研墨

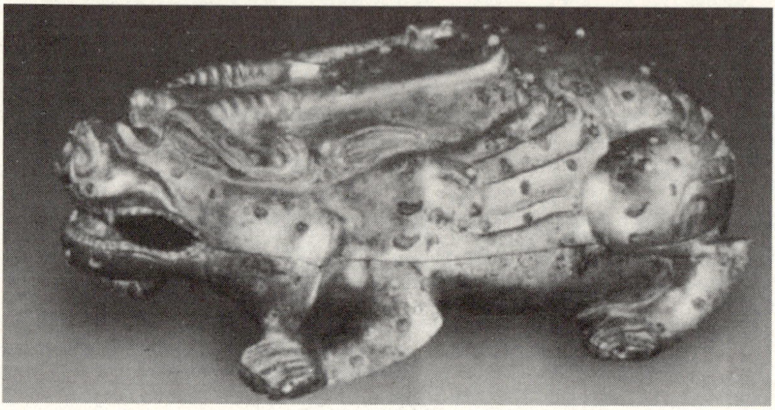

鎏金镶嵌兽形砚盒

引自李建伟，牛端红《中国青铜器图录》，中国商业出版社，2000 年。

用的文具，多数是用石料制成，而这种石料需经过考究其质地后才能确定使用。故《说文·石部》曰：“砚，石滑也。”段玉裁注：“谓石性滑利也。”自然界的石材很多，而质地细滑、可以制成砚台的石头并不多，这就需要人通过眼睛从各种石材中辨别挑选，所以也有人以为“砚”字是一个会意字，“见”、“石”合而为“砚”。小篆“砚”字写作，承续了大篆字形。

“砚”字有可能更早写作“研”。我国最早的一部词典《尔雅》对“砚”这个词的来源作了比较合理的解释。《尔雅·释名》曰：“砚，研也。研墨使和濡也。”意谓“砚”与“研”在意义上有密切的联系。因为砚台是用来研匀墨汁的用具，“研”与“砚”是动作和工具的关系，所以后者或是由前者派生而来。作为中国文人传统的案头文具，砚多是用光滑的石头制成，中间有一凹槽，用以磨研、贮存墨汁，使写字绘画的笔墨均匀、色泽饱满。正如李贺《杨生青花紫石砚歌》所云：“圆毫促点声静新，孔砚宽顽何足云？”意思是杨生的紫石砚质地良好，用笔蘸墨时声音细静，不伤笔毫；而那孔庙中的石砚，粗大而笨拙，简直不值一提。旧时同窗学子常共用笔砚，所以有用砚兄、砚友、同砚来代指同学之谊。

中国最早的砚是怎么样的？它与后来磨墨用的砚台有何区别呢？

一般认为，笔的产生应与墨大致是同步的，纸稍后，而砚则要古老得多。考古学家曾在陕西省临潼县姜寨一处原始社会的遗址中，发现了一套原始人用以陶器彩绘的工具，其中有一方石砚，上有盖，砚面微凹，还有一根石杵，砚旁留存一些黑色颜料。很显然，这是先民们借助石杵研磨颜料的早期砚的原型。由于这一遗址属于新石器时代的仰韶文化，故这方砚台的寿命至少已超过了五千年。可见，中国最早的砚就是用来研磨的工具。这种古老的研磨器与后来的砚台有着渊源关系，就其功能而言，两者用途完全相同。因此.砚又有“研”之称。汉代开始发明了人工制墨——松烟墨，墨可以直接在砚台上研磨，故不须再借助石杵来研磨天然墨了。尽管如此，其为传播中国文化所起的作用仍功不可没。

砚是由原始的研磨器演变而来，不仅有其实用功能（因为磨墨，所以有一块平坦的地方；因为盛放墨汁，所以有一个凹陷），而且还有一种特殊的艺术价值。一块精美的砚石，按古人的标准，应该具备发墨而不损笔，贮墨而不易干，磨墨而无声等优点，同时又综合书法、绘画与雕刻等艺术于一体，具有实用与欣赏的双重价值。清乾隆年间于敏中等人奉敕所编《西清砚谱》云：“古今佳砚，因质美工良，而鉴赏品题，因人增贵。”砚台在其长期的制作过程中，不断融入了各个时代的艺术特征和文化元素，其形制式样、构图纹饰及雕刻内容都非常讲究，成为历代文人墨客所钟爱之物。

《西京杂记》云：“汉制天子，以玉为砚，取其不冰。”这是我国现存关于砚的最早记录。中国的书画艺术离不开砚，从使用价值看，砚是中国书画艺术的一种重要载体。汉代砚已流行，唐宋时则已普遍使用，明、清两代更是品种繁多，出现了被人们称为“四大名砚”的端砚、歙砚、洮砚和澄泥砚。其中唯有澄泥砚不是石制的，其余三种皆为石制的砚台。

在砚的发展史上，汉代至唐宋的砚主要以实用为主，形制端庄，纹饰简洁。唐砚中的“箕形砚”，宋砚中的“抄手砚”，都具有各自时代特征，而其他各式造型则多达几十种。唐宋时各种砚材被长期开采，基本满足了人们使

南北朝　三足石渠砚　　　　明　八卦琴棋书画瓷砚

引自维微、杨代欣《中国砚台图录》，新疆人民出版社，2002年。

用的需要。到明清时，砚开始由实用功能向艺术功能转化，成为以玩赏为主的工艺美术品，体现了其特有的艺术情趣和收藏价值。除各种石砚外，明清还有以碧玉、翡翠、玛瑙、水晶等名贵的原料用于制砚。

砚有许多名称，这些名称的产生，大多是与古代诗人、书画家的诗文创作有关。早有唐代女诗人薛涛《四友赞》诗曰："磨润色先生之腹，濡藏锋都尉之头，引书煤而黯黯，入文亩而休休。"诗中所歌咏的就是砚、笔、墨、纸。故后人称砚为"润色先生"。唐代文嵩曾作《即墨侯石虚中传》，以砚拟人，称砚姓石，名虚中，字居默，封"即墨侯"。从此，人们也称砚为"即墨侯"。宋代王炎有诗曰："剡溪束楮生，歙穴会石友。"这里，"楮生"指纸，"石友"指砚。广而传之，众人皆称砚为"石友"。古代文人恃文墨为生，故有谓砚为"砚田"。如苏轼《次韵孔毅父久旱已而甚雨》诗："我生无田食破砚，尔来砚枯磨不出。"就是说农夫以拥有良田为生，文人则以觅得好砚而喜。传说黄帝得一玉石，琢为墨海，并刻"帝鸿氏之砚"于其上。宋程俱《谢人惠砚》诗："帝鸿墨海世不见，近爱端溪青紫砚。"后人习称大砚谓"墨海"。一方小小砚台被称之为"砚田"、"墨海"，天下又有多少绝妙文章书画从此而出。

砚的别称，还有多种。如清代王继香《醉庵砚铭》曰："昔人号砚曰润色先生，曰岩屋上人，曰铁面尚书，余独取其静而真也，谥之曰静真先生。"一方砚台，竟折射出古代文人各种各样的生活情趣。

在翰墨飘香的中国传统文化中，砚是文人士大夫挥毫泼墨、行文作画不可缺少的工具，而砚的形式又随着文化艺术的发展，成为了集雕刻，绘画于一身的精美工艺品。明陈继儒《泥古录》云："文人之有砚，犹美人之有镜也，一生之中最相亲傍。"作者视砚犹如美人照镜一样，已到了不可分离的地步。

砚，实用而精美，自然成为文人雅士书斋生活朝夕相伴的精神伴侣。

说“文”解字

《说文解字》是我国语言学史上的经典巨著，也是第一部系统地分析汉字字形和考究字源的字书。它开创了汉字部首检字的先河，后世的字典大多采用这一传统方式。段玉裁称这部书“此前古未有之书，许君之所独创”(《说文解字注》)。那么，它为什么要命名为《说文解字》呢？“文”和“字”又有什么区别呢？

这需要从“文”和“字”的本义说起。

我们现在通常所说的“文字”，往往可用来指某一个具体的字。但原始意义的“文”和“字”，二者是有很大区别的。最早对“文”和“字”进行明确区分的，还是《说文解字》的作者许慎。他说：“仓颉之初作书，盖依类象形，故谓之文；其后形声相益，即谓之字。文者物象之本，字者言孳乳而浸多也。”(《说文解字·叙》)从许慎的这一解说，可知“文”是指事物的本象，“字”是由“文”繁衍而生，逐渐增多的，也就是说，“文”是产生“字”的前提。有专家认为：文是独体字，而字是合体字。

张又栋书法作品

引自杨再春《书法章法技巧》，北京体育大学出版社，2010年。

“文”字在甲骨文中就有，是个象形字，写作，象刀具刻画的交错线条纹案，亦有简化刻纹的字形，作或之形。甲骨文中“文”字所从的、等形体即像人胸前的刻纹。“文”在卜辞中的用法不一：第一，它从“纹饰”之义引申为“美”之义，冠于古时君王名之前，示为美称，如“翌日丁亥王其又礿于文武帝正王受又”(《甲骨文合集》三六一六八)；第二，可用作人名，如卜辞“文入十”(《殷虚文字乙编》六八二〇)，“文协王事𠂤”(《殷虚文字乙编》八一六五)；第三，“文”还可用作地名，如“癸酉卜文邑”(《殷虚文字乙编》三六一四)。

“文”字在金文仍有强调刻纹之意，作，加上“”；文又作，在“”里加“”(心，意识)，表示用线条图案传递意识，或许在古人看来，文字就是需要用心创造出来的。亦有在“”中加一点的字形“”。此外，还出现了在“文”字的基础上加“王”之形的字形，如《何尊》中作“”，《盂鼎》中作。

篆文“文”写作，承续了甲骨文的字形。从字源上看，甲骨文和金文中的“文”，像一个袒胸而立的人，胸上露出刻划的花纹，到篆文，则省去了这些纹饰。

“文”字的这种早期写法，像纹理纵横交错形状，可知其本义是表示物体的花纹或纹理。故《易·系辞》曰：“物相杂，故曰文。”《礼记·乐记》云：“五色成文而不乱。”《释名》曰：“文者，会集众采，以成锦绣。合集众字，以成辞

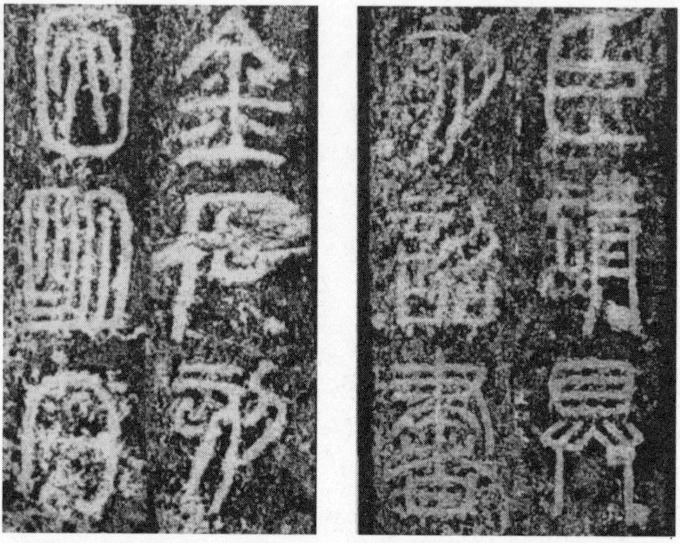

泰山刻石
引自韩会凡《中华书话》，中州古籍出版社，2010 年。

义，如文绣然也。”《说文》进一步解释：“文，错画也。象交文。今字作纹。”今天的“文身”中的“文”便是用的本义。当然，古代女性“文胸”用品中的“文”，不是在胸口刻上花纹，而是用来装饰胸部的意思。古代另有一种残酷的刑法，叫做“黥刑”，因为是在犯人脸上刺字，所以又叫“文面”。《水浒》中的宋江、武松就都是文面的犯人。

“文”既与“文身”有关，怎么又同文字挂钩？因为文字的产生是与图画分不开的，这不光是汉字，世界上其他许多古老的文字都可证明。我们知道，有些甲骨文汉字初始时，就和绘画差不多，有许多笔画很像交错的纹路。所以“文”就是许慎所言的“依类象形”的文字。

汉字作为世界上寿命最长的文字，它从原始人用以记事的简单图画起，经过不断演变发展，最终成为一种音、形、意兼具的独特文字。这里面有许多神秘的传说，也有人文的情怀。《易・系辞》中就有这样的记载：“上古结绳而治，后世圣人易之以书契。”“古者包牺氏王天下也，仰则观象于天，俯则观法于地，观鸟兽之文与地之宜，近取诸身，远取诸物，于是始作八卦，以通神明之德，以类万物之情。”这一记载汉字起源的古老传说，虽难免附有神奇的色彩，但大体还是合理的。

仓颉造字

引自刘守安《中国书法艺术史》，宁夏人民出版社，2003 年。

结合汉字的基本特征，我们来考察“文”和“字”之间的联系和区别。原来，汉字在造字结构上有独体和合体之分。古人把独体的不可分解的象形字（如日、月）、指事字（如上、下）叫做“文”；把合体的可以分析的会意字（如尖、从）、形声字（如江、河）叫做“字”。这就是所谓“独体为文，合体为字”（段玉裁《说文解字注》）。从汉字演变过程而言，后来大量合体的会意字和形声字，正是在原来少数独体的象形字、指事字基础上产生的。如把日、月二“文”相合，就产生一“明”字；同样三个“日”相合就产生一“晶”字。即由两个或两个以上的“文”结合而成的称“字”。用一个比喻：“文”是母，“字”是子，它们是母与子的关系。按许慎之言，“依类象形”，指独体字——“文”。仓颉在开始造文字时，大都是依照事物的形象画出它们的图形，所以叫做“文”。“形声相益”，指合体字——“字”，即后来形旁声旁互相结合而产生的形声字、会意字叫做“字”。

这样，我们便大致明确了“文”和“字”的区别，同时也知道了《说文解字》命名的缘由所在。

与“文”相比，“字”是后起的一个字。金文写作，是“安”的省略，表示男子盖房娶亲；即子，有后代、子嗣之意。造字本义为女子落户夫家，生养后代。后在新生婴孩和新娶的女人身上做记号，也叫“字”。《说文解字》曰：“字，乳也。从子，在宀下，子亦声。”说明这是一个会意兼形声的合体字。

“字”的本义原是女人在屋子里生养孩子。在古代，一个妇女生养多个孩子是很平常的，具有一个变几个的特点。如同生小孩，“字”就是由“文”繁衍而来的。现代汉语中至今还保留有“字”的本义的痕迹，如“待字闺中”，只是许多人已不明白其中“字”的意思而已。

随着时代的发展，“字”在文字数量上占有绝对优势，因此，古人也本着少数服从多数的原则，把“文”和“字”都统称为字，或就叫做文字。

“文”与“字”连用，变为一个词——文字，是到了秦王朝才开始的。秦始皇统一中国后，在“琅琊山刻石”中第一次把文字叫做“字”，所谓“器械一量，同书文字”。在现代汉语中，“文字”一词具有多个义项，较多是指记录语言的符号，如汉字、拉丁字母等；也指语言的书写形式，如中文、英文等；又有指文章(多为形式方面)，如说“文字清新”，意即文章写得清丽而不俗。今单用“文”，一般多指文字，如“甲骨文”、“篆文”等。而“字”也可包括“文”，如说“字里行间”、“字斟句酌”等，其中的“字”就统指文字而言。

有时，我们又把由文字组成的文章叫做“文”，这也是与“文”的本义相关。“文章”二字原意为锦绣之物，诸如服装上绣的龙凤图样、皮肤上刺的花卉图案等，后来才转义为由文字组成的文章。因为文字所描绘出来的事物图样，需要经过人的大脑“解码”，才能呈现出事物的间接面貌，所以不光需要文通字顺，还得讲究生动形象。

2008年，北京奥运会上一枚中国印曾给人留下了深刻印象。作品主体部分的字似文非文，似京非京，却似一个舞动的“人”，飘逸潇洒，充满张力，反映了中国既拥有悠久的历史，又充满现代的气息。这到底是一个什么字？见仁见智，众说纷纭。其实，熟悉中国文字的人应该知道，在篆体字中，“文”的写法就象人的形状，正如这枚中国印。

一个“文”字，象征一个富有活力并跨越时空的人，至今仍伸展双臂、撒开双腿在迅跑。

伦理观念

“仁”者何以无敌

中国有句老话，叫“三十年河东，三十年河西”。历史就是这样，有的时候会跟人开点玩笑。“文革”后期开展“批林批孔”，其中一项重要内容是批判孔子的仁学思想，导致把整整一代人的思想彻底搞乱。没想到，过了三十多年后的今天，孔子的这一思想，不仅没有在华夏大地上销声匿迹，反而日渐升温，并开始走向世界。

无疑，孔子的仁学思想博大精深，具有穿越历史、连结未来的强大的生命力。

在殷商的甲骨文中，至今尚未见到“仁”这个字，直到金文才开始出现，另《尚书》和《诗经》等典籍中已有使用。如《尚书·金縢》中有：“予仁若考。”

孔子
引自孙建华《漫步名人故地》，中国社会科学出版社，2005年。

《诗经》中有“洵美且仁”（《诗·郑风·叔于田》）；“其人美且仁”（《诗·齐风·卢令》）。到了春秋时代，仁这个字开始较多地被人提起。例如，《国语》、《左传》中都出现有几十次之多。

“仁”字金文写作，，即人；，表示数量二，造字本义是二人以上相处。籀文承续金文字形，写作，亦作之形，（千），众多；（心），仁爱，表示心怀天下众生，对人宽容友爱。小篆又回到金文字形，写作。

从结构上看，“仁”是一个合体字，而对其字义的理解，历来众说纷纭。《说文解字》曰：“仁，亲也，从人二。古文仁，从千心。（尸二）古文仁或从尸”。按许慎所言，“仁”至少有三种解释：（1）仁，亲爱。由人、二会意。左边是一个人字，右边是表示数目的“二”，其实就是两个人。宋代徐铉注释：“仁者兼爱，故从二。”但“从二”为何就是兼爱，并没有说明白。（2）古文仁，由千、心会意。清人徐灏在《说文解字注笺》中说：“千心为仁”，即取博爱之意。但“千心”何以为仁，似也不清楚。（3）古文仁，仁的异体，从尸。在古文字中，“尸”和“人”做偏旁时可以通用。这里的尸，指古代祭祀时，代表死者受祭的人。东汉郑玄《中庸》注：“尸，主也。孝子之祭，不见亲之形象，心无所系，立尸而主意焉。”是生人对死者表示崇敬的意思。但此说也语焉不详。概而言之，“仁”字，除了有从人从二之说，还有从千从心和从尸从二（尸二）之说。另不排除还有其他的说法。

综合三者解读含义，大体应该是一样的，都是带有兼爱、博爱之意。不过，三者相比，后人更多取用的是第一种解读。

考察“仁”字的本义，最常见的是引用《说文解字》段注的说法：“会意：中庸曰：仁者，人也。注：人也，读如相人偶之仁，以人意相存问之言……独则无耦，耦则相亲，故其字从人二。”意思是说，古代人们在劳动或社交活动中，多是二人搭配，很多礼仪也都是二人同时进行，在这种情况下，才可以观察他人，体现自我。也就是说，“仁”的品德特征必须在二人一起时才能表现出来。一人独居无所谓“仁”，只有在人与人的交往之中才有“仁”可言，因此从“二人”。“人偶”主要是指自己对他人的敬重；“相人偶”则是双方皆以对方为礼敬对象，即互敬。这些，都体现出敬重他人之意。总之，“仁”字所表达的就是互相把对方当人相待，以礼仪之道与他人交往。

可见，“仁”是一个会意字，理解其意义的关键是构形的右半边“二”字。段玉裁的注释由仁的字形出发，认为仁是人与人（即“相人偶”）之间的某种合乎道德的关系。这一解释又是建立在郑玄“相人偶”一说的基础上（其引注，就是郑玄注《中庸》“仁者人也”：“人也，读如相人偶之人，以人意相存问之言”），即“相人偶”就是“以人意相存问”。而“偶”在古文中有“合”、“对”、“并”等义，皆有对方、双方之意。所以，“仁”字右边“二”表示两人在一起，并非单指数量上的意义，还有由此产生的人际关系，即合偶或偶合的意义。

“仁”，是孔子思想的核心，仁学也是其伦理学说的基础。在《论语》中，谈到“仁”的有58章，“仁”字共出现109次，其涵义宽泛而多变。但“仁”的最本质的规定则是“仁者，爱人。”（《论语·颜渊》）换言之，“爱人”就是“仁”的最本质的意义。

“仁”这一范畴虽在孔子之前就已存在，但还没有形成系统的理论。同样，以“孝悌”为“仁”之本的思想也不是孔子的创造，之前早已有之。孔子的贡献主要在于：从他开始，儒家明确了以“爱人”释“仁”，突出了“仁”在所有德行中的主导地位，并以“仁”为中心，探讨“仁”与其他德行的关系。由此出发，孔子主张将仁爱由亲亲之情逐步向外扩展，推及整个人类——“泛爱众而亲仁”（《论语·学而》）。在孔子看来，只有“爱人”，才能使“老者安之，朋友信之，少者怀之”（《论语·公冶长》）。

“仁”的内涵主要有两方面：一是“仁者爱人”，二是“克己复礼”。前者是强调以仁爱之心去爱人，后者是主张以礼仪形式来修身。这是孔子仁学思想的根本，贯穿于《论语》一书的始终。

所谓“仁者爱人”，即广泛地去爱众多的人。为此，孔子提出“忠恕之道”，以化解人与人之间的各种矛盾。“忠”即是“尽己”，尽自己最大的努力去成人之美；“恕”则“推己及人”，即将心比心，以尽可能多地去了解他人。而基本原则是“己所不欲，勿施于人”（《论语·卫灵公》）；后来，孟子对此作了更形象而精辟的概括：“老吾老，以及人之老；幼吾幼，以及人之幼”（《孟子·梁惠王上》）。儒家的“推己及人”思想，不仅是人的情感的延伸，更是人的道德的升华。

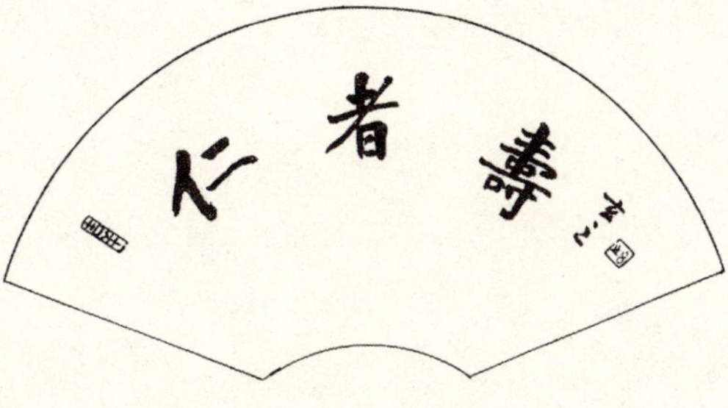

张又栋书法作品

引自杨再春《书法章法技巧》，北京体育大学出版社，2010年。

作为儒家第一传人，后来孟子在孔子仁学的基础上，进一步形成亲民、重民的理想，明确提出“仁政”的学说，使“仁”的道德涵义向政治思想渗透。他说：“仁者无敌。”（《孟子·梁惠王上》）又说：“得道者多助，失道者寡助。寡助之至，亲戚畔之；多助之至，天下顺之”（《孟子·公孙丑下》）。孟子以此规劝当时统治者要亲民、爱民，只有这样，天下才能长治久安。

“仁者无敌”包含着一种朴素的道理，也体现着人类文明的高风亮节。孟子说：“仁也者，人也。合而言之，道也。”（《孟子·尽心下》）也就是说：“仁者”，是人之所以为人的根本之道。表面看来，以德服人或许不如以力服人有效，但从长远看，唯有仁者的所作所为，才能真正感动人心。诚如孟子所言：“以力服人者，非心服也，力不赡也；以德服人者，中心悦而诚服也。”（《孟子·公孙丑上》）虽然面对残酷的现实，仁爱有时似乎很脆弱，但却是“道”之所在，它润物无声，可以化干戈为玉帛，变腐朽为神奇。

常言道：人心不可欺。虽然有时人们慑于淫威而被迫身服某种势力，但决不会心服；只有以德化人，以德报怨，才能真正使人心服口服。我们熟悉的成语“心悦诚服”，其语义正来源于此。

万事莫贵“义”

说起这“义”字，本有正义、道义、情谊和恩义、意义等多重意思，但是，在一般中国人的观念里，更多是与江湖上的义气挂上了钩。究其原因，或多或少是与前些年武侠小说的走红脱不了干系。

义的繁体字为“義”，甲骨文写作，也有简写成、之形。从造字本义来看：字形上下结构，从我从羊。我，甲骨文字形，原是有利齿的戉（斧钺之类的兵器），代表以武力征战；羊，即“祥”，古人祭祀占卜显示的吉兆。二者相合，是头戴羊冠手执武器，表示参与吉兆之战，即有神灵护佑的正义之战。“義”在卜辞中可用作地名，如“中牧于義攸侯协啚”（《殷契拾掇》二·一三二），“戍叀義行用遘羌方又𢦏”（《殷虚书契后编》下一三·五），两处的“義”在古时都表示地名。

金文承续甲骨文字形，写作義。《说文》所用篆文字形義，与甲骨文本字造型相同，都是从我从羊。俗体楷书另造指事字义，乂（乂），刈的古字，表示割，引申为杀，在其上加一点指事符号，似乎表示杀得有理。

《说文》曰："义，己之威仪也。从我羊"。这并不是"义"字的本义。在早期典籍中，"义"字的本义应是宜，即为合宜之意。《尚书·康诰》："其义刑义杀。"孔安国传："义，宜也。"《礼记·祭义》有："义者，宜此者也。"《礼记·中庸》有："仁者人也，义者宜也。"汉代及以后的学者也往往这样去解释"义"的意义。如《诗经·大雅·荡》"不义从式"：毛亨传："义，宜也。""而秉义类"：郑玄笺："义之言宜也"。故段玉裁《说文解字注》："义之本训为礼容各得其宜"。

那么，许慎为何说"义，己之威仪也"？义和威仪之仪又有什么关系呢？

原来这与古今字的变化有关。所谓古今字，是同一个词在不同的时代用不同的字来表示，就形成古今字，在前的叫"古字"，在后的叫"今字"。郑玄注《周礼·肆师》："义每读为仪，古者书仪但为义，今时所谓义为谊。"段玉裁对此进一步解释："义，各本作仪，今正。古者威仪字作义，今仁义字用之。仪者，度也。今威仪字用之。谊者，但为义。今情谊用之。"并把它们作为古今字看待："谊，义，古今字。周时作谊，汉时作义，皆今之仁义字也。其威仪字则周时作谊，汉时作义。"从段注中可知，义本是威仪的仪字，后来被合宜的宜取代了。义之本义是宜，在早期典籍中借用为仪，引申以后才产生与善、美同样的意义。按段注说法："义，善也。引申之训也。从羊者，与善、美同意。"

谊、义本可通用，如班固的《幽通赋》有"舍生取谊"之说。至于义、谊、宜之间的关系，三字同声同韵，音近义通，是同源字。在古文中，皆可通用，只有后起义作谊，不作义。

所谓"义"，原是合宜、应当之意，后来作为人应该遵循的最高道义，主要是指符合正义或道德规范的思想行为。《礼记·中庸》曰："义者宜也。"《墨子·节用》曰："义者正也。"韩愈《原道》也说："行而宜之谓义。"可见，他们都是把事物的正确合宜称为"义"。因此，人们常用"义"来称赞高尚的人和事。如《论语·述而》："不义而富且贵，于我如浮云。"《孟子·公孙丑上》："其为气也，配义与道，无是馁也。”说的都是这个意思。又如韩信所言：“吾闻之，乘人之车者载人之患，衣人之衣者怀人之忧，食人之食者死人之事，吾岂可以向利背义乎！”(《史记·淮阴侯列传》)这里的“义”与利相对，即指道义。

“义”，又有指情谊和恩义，如曹植的诗“子其宁尔心，亲交义不薄。”(《赠丁仪》)另外，古人还把善良的行为，诸如对他人有利的事或适宜的举措，如施舍、救济等，都称为“义举”、“义行”；把言行符合正义或道德标准的人称为“义人”；把恪守大义、笃行不苟的人称为“义士”。总之，一个“义”字，可谓是善与美再加上力的结合体。

“义”，是中华民族一种崇高的道德表现，渗透在中国人的情感血脉中。亲情和友情，发展到完美的程度，就有“义”的成分，即所谓“有情有义”。有了“义”，可使亲情淳朴，家庭和睦；有“义”在，可使友情地久天长，决不会有损害和出卖他人来换取一己的私利。但要达到这样的境界实非易事。

因此，历史上，儒学与墨学对“义”都很重视并大力提倡。

儒家把仁与义并用，提出了“仁义道德”、“仁至义尽”、“杀身成仁”、“舍生取义”等主张。《孟子·离娄上》云：“仁，人之安宅也；义，人之正路也。”说明“仁”是最高的道德原则，而“义”则是实现“仁”的最适宜的路径。

同样，墨家也一贯重义，而且把它看作是至高无上的。墨子说：“万事莫贵义。”(《墨子·贵义》)“天下有义则生，无义则死；有义则富，无义则贫。”(《墨子·天志上》)墨家理想人格是讲究“任侠”，所以“墨子之门多勇士”(陆贾《新语·思务》)，而“墨子服役百八十人，皆可使赴火蹈刃，死不旋踵”(《淮南子·泰族训》)，说明墨家理想人格更偏重的是崇侠尚武。

中国传统侠文化精髓中体现的兼爱、平等、忧国、为民的思想，既有儒家“居天下之广居，立天下之正位，行天下之大道”(《孟子·滕文公下》)的仁义理想，又有“视人之国若视其国，视人之家若视其家，视人之身若视其身”(《墨子·兼爱中》)的侠义精神。历史上，侠的行为——以武犯禁，虽然不免矫枉过正，但这是一种快意恩仇的豪杰之气，容易引发人们特别是青少年的激情。因此“侠义”二字，一直是一种精神力量的象征。

引自董聚贤、徐淦改编，王淑晖绘画《墨子救宋》封面，人民美术出版社，1951年。

唐人李德裕在《豪侠论》中说过："义非侠不立，侠非义不成。"可见"义"对侠者之重要。"侠义"或"义侠"，二者须臾不可分离。道义人格，虽不是侠所独具，但任侠之士都特别强调"义"，成为侠义人格中不可缺少的重要组成部分。他们忠于自己的道义责任，言出必行，行必有果，即使牺牲生命，也在所不惜。这种侠义精神，是对弱势群体的关注，对自然法则中存在的正义和平等的肯定，因而符合中国人朴素的价值观。

如果说孔子思想的核心是"仁"，那么，孟子思想的核心便是"义"。从某种程度而言，"义"是对"仁"的补充。孔子说过："唯仁者能好人，能恶人。"（《论语·里仁》）可见"仁"的概念中，原本就包含着爱与憎。孟子说："恻隐之心，仁也；羞恶之心，义也。"（《孟子·告子上》）从人的心理而言，"仁"是同情、怜悯；

孟子
引自孙建华《漫步名人故地》，中国社会科学出版社，2005 年。

“义”则是羞愧、憎恶，因而更具批判性和战斗性。“大义凛然”，是孟子做人的标准之一，即使面对强敌，只要“义之所在，虽千万人吾往矣”（《孟子·告子上》）。

与侠一样，“义”也有大小之分，还有真假区别。许多人将“舍生取义”与“江湖义气”混为一谈，把“江湖义气”看作是重交情、讲义气。这是一种模糊的认识。因为“江湖义气”多为私义、私利，“舍生取义”则为公义、公利，所以，出于“江湖义气”，可能会对自己的朋友有利，却未必对社会大众有所裨益。因此，对“义”也要进行具体分析。

“义”，作为先秦时期至高无上的道德范畴，也是中国传统文化中一个重要的“遗传密码”，留待我们后人去不断解读。

不学“礼”，无以立

中国人一向崇尚礼仪，中国在世界上亦被称为“礼仪之邦”。

关于礼的起源，至今有多种不同观点。最早《礼记·礼运》有“夫礼之初，始诸饮食”之说，意为礼产生于古代日常饮食活动。一般认为，我国人文礼仪的发端是祭祀礼仪，而祭祀礼仪是从饮食礼仪起始的。

记载古代礼仪制度的史籍《仪礼》中，就有《乡饮酒礼》、《燕礼》等篇章，分别详细记述乡间和朝会有关吃喝的一系列繁文缛节。由此推测，“礼”在初始时，可能只是先民按人分配食物的有关次序，后来演化为供祭祖先、神灵的行为习惯。

按这一说法，人类社会最初的等级差别，可能也体现在饮食分配上的差别，而祭祀鬼神之礼源于敬人之礼，是敬人之礼的翻版，同样具有差别。礼

汉人宴饮砖雕

引自胡兆量等《中国文化地理概述》，北京大学出版社，2009 年。

的起源，很大程度是为适应人类社会“贵贱有等，长幼有差”（荀子《礼论》）的行为规范的需要。从奴隶社会到封建社会，中国古代的人都是处于等级礼仪之中的人，“我”是通过与“他人”的关系而表现出来的。这种人际关系都需要受到礼的相应制约。

礼最早产生于何时已不可考，但在孔子以前已有夏礼、殷礼、周礼。夏、商、周三代之礼，因革损益，到西周时的周礼，已经比较完善。据孔子说：“殷因于夏礼，所损益可知也；周因于殷礼，所损益可知也。”（《论语・为政》）由此而言，至少从夏代开始中国人就有了礼的传统。

今天我们所用的“礼”字，是“禮”的简化字。古代“礼”字写作“豊”，甲骨文中写作，像在器皿里装有两串玉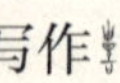，表示用美好之物敬献神灵、先祖。

金文承续甲骨文字形，写作、。从字形而言，“礼”原是一象形字（金文更明显），像古人祭祀时用的祭器。王国维认为它像古代的一种高脚盘——豆，上面放着祭祀的两块玉（“王”为古“玉”字），是以器物盛玉献祭于祖。“此诸字皆像二玉在器之形，古者行礼以玉，故《说文》：豊，行礼之器。其说古矣”（《观堂集林》卷六《释礼》）。后来的金文“礼”又在原来字形的基础上

再加礻(示)，写作禮，强调“礼”的祭祀含义。籀文写作礼，礻(示)，祭祀；乚，似飘散的香烟，强调祭祀的焚香仪式。

篆文承续金文字形，写作禮。隶书同篆文字形，写作禮，后隶变为礼。现在简化的“礼”字，就是在隶变的基础上定型的。

《说文解字》曰：“礼，履也，所以事神致福也。从示从豊。”又说：“豊，行礼之器也。从豆象形，凡豆之属皆从豆。”可知，“礼”是与古人祭祀活动相关的一种行为。段玉裁注：“履，足所依也，引申为凡所依皆为履。”意为礼是人在祭祀时，一切外在行为的依据和标准。这样做，主要是为了让神灵高兴，因而获得保佑。

古代礼仪，正是在祭祀活动中逐步形成规范。因为祭祀是古人政治生活中的一件严肃的大事，所谓“国之大事，在祀与戎”(《左传·成公十三年》)，祭祀活动的目的是向上帝、神灵表示敬意或请求护佑，所以祭祀活动本身就相应要求符合仪式，并加以不断规范。

我们可以想象，在祭祀时，古人除了以虔诚的态度、规范的动作向神表示敬畏外，还把最能体现对神敬意的物品(牺牲)，一一奉献于神灵。也许从那时起，在礼的含义中，不光有观念的形态，也开始有了物质的成分了，即礼可以用物的形式——礼物代替。

这个后起的“禮”字，原是在“豊”字的基础上加上偏旁“示”。“示”《说文》云：“天垂象，见吉凶，所以示人也。”我们知道，凡“示”字旁的古汉字，往往与天地鬼神祖宗有关，如祭、祀、祸、福、神、祖、祥等。所以，“示”旁加一个“豊”字，更突出了与祭祀活动的密切关系。而祭拜神灵，必须恭恭敬敬，并有庄重的礼仪形式。后来，凡表示敬意，举行仪式都与“礼”字攀上了关系。

最初，礼主要表现先民在祭祀时对上帝、鬼神敬畏的象征性意义，并没有后来人事方面的道德含义。根据史料所记，在殷商时期，祭祀还是非常神圣的大事，礼的主要内涵也没有从祭祀中脱离出来。到了西周，礼的内涵悄然发生了变化，开始从祭祀上帝、鬼神转向人事、亲情关系了。据《礼记·表记》载：“周人尊礼尚施，事鬼敬神而远之，近人而忠焉”。相传周公旦“制礼

孔子礼乐图
引自刘刚、李冬君《文化的江山》上册，山西人民出版社，2009 年。

作乐”，使得礼从祭祀敬拜上帝、鬼神的原始礼仪，变成了一套治国安邦的政治礼仪制度。

春秋时期，随着各诸侯国的兴起，西周礼乐制度瓦解，天下大乱，人心不古，史称“礼崩乐坏”。对此，孔子忧心忡忡，提出“克己复礼为仁”，礼的内涵也变得更为具体而明确。《左传·昭公二十六年》记晏子的话说：“君令臣共，父慈子孝，兄爱弟敬，夫和妻柔，姑慈妇听，礼也。”可见，在那时，礼的标准已进一步转向了遵守最基本的家庭人伦了，即儒家的孝悌之道。

战国时期，随着封建制度的形成，原来奴隶社会的各种礼仪已逐渐废除。孟子为了宣扬儒家学说，周游列国，到处游说，把仁、义、礼、智作为人基本的道德规范，又把礼解释为对长者和宾客的一种发自内心的礼貌，即“恭敬之心，礼也”（《孟子·告子上》），并把“礼”看做是人性本善的发端之一。

对于封建统治者而言，礼是不可或缺的治国秘方。当刘邦打败项羽，做了皇帝以后，他那帮弟兄还是跟过去一样，上朝时没大没小，吆五喝六，搞得心里很不舒服，但又无可奈何。后来儒生叔孙通设计了一套朝廷礼仪制度，训练那些大臣施行君臣礼仪，终于改变了原来的混乱状况。以致刘邦高兴地说，我今天才算真正当上了皇帝。

可见，礼作为中国封建社会的道德规范和生活准则，在传统文化中占有多么重要的地位；礼治亦充当着治理国家、管理社会的重要手段，发挥着维护社会安定、有序的重要作用。

礼，既然是在社会发展中形成的，那么，在封建社会，它就不可能不打上封建社会的烙印，反映出封建社会的道德观念。随着儒家地位定于一尊，对礼的认识和掌握，也成了古代一个人安身立命的根本所在，是人之所以为人的一个标准。特别是在封建社会的后期，礼成了一种教条，被称为“礼教”。诸如“三纲五常”、“三从四德”等，作为维护封建统治秩序的工具，越来越成为束缚人们思想、行为的枷锁，影响了社会的进步和发展。

今天，我们应当批判封建礼教，但不能因此而抛弃整个古代礼仪文化。礼仪是一个民族文明程度的体现。对于儒家的人文礼仪和礼治思想，我们不应简单地视为封建的东西，而应客观地、历史地对待，努力挖掘其中的合理因素，为我们构建现代和谐社会，提供宝贵的思想资源。

“智”者为何不惑

在现实生活中，每一个人都想做一个聪明的人，一个充满智慧的人。那么，什么才是真正的“智”呢？

“智”，甲骨文作，字形为左边一个（木制武器），右边像一支箭头朝上的箭（也就是后来的“矢”），中间（口），造字本义是谈论有关作战的谋略。金文承续甲骨文原来字形，写作。又写作，在原构形基础上，下加（曰），进一步强化“谈论”之意。篆文写成，误将（干）写成（亏）。后来隶书则又省去篆文的，形成了今天这样固定的写法。

要深入了解“智”字的本义，我们要连带谈到“知”字，因为“智”是在“知”的基础上产生的，二者关系密切。从字形可以推断，“智”由“知”和“曰”这两个构件合成，是根据它们的意思的相关性组合成的一个字，表示人的一种认识程度或境界——聪明、智慧。

在先秦古文中，“知”与“智”是古今字，不光同音，而且有时往往同义。“智”一般作名词，有智力之意，也有智慧、能力之意。当用作动词时，它就保留了“知”的本义。如：“狗犬不智（知）其名也。”（《墨子·经说下》）而“知”在用作名词时，则同“智”。如“小知不及大知（智），小年不及大年。”（《庄子·逍遥游》）先秦时“智”多写成“知”，也就是说，知即为“智”。

“知”是个会意字。《说文解字》云：“知，识也，从口从矢。”本义是认识、知道。从“知”的字形看，左边是“矢”字，即为箭；右边是“口”字，有学者认为是象征射箭用的靶子。意为用箭去射靶心，射准了就能获得“知”。这说明，人要掌握知识是不容易的，就像射箭一样，首先要反复操练弓箭，瞄准靶心；其次还要集中心意，认真观察，这样才能射中目标。

作为一对古今字，原来只有“知”兼用于智慧意义上的智，后来为了区别，又新造了“智”字，下面加口，或是因为智者能说会道。《说文解字》云：“智，识词也，从白，从亏，从知。”即由“从知”而有会意之意，而“知”又是声符。“智”的意义亦从“知”演变而来。汉末刘熙在《释名·释言语》中认为：“智，知也，无所不知也。”段玉裁《说文注》：“智，识词也……知智义同。故智作知……识敏，故出于口者疾如矢也”。意为“矢”有陈述之意，聪明人用口说出来的话，则心意也同时达到了，就像射箭一样又快又准。

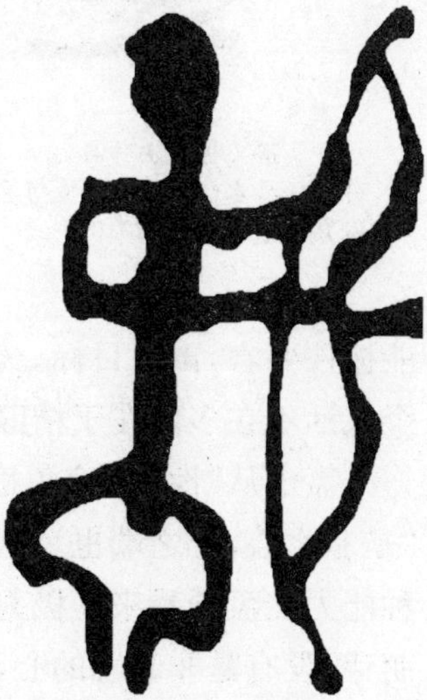

射箭

引自盖山林、盖志浩《中国岩画图案》，上海三联书店，1997年。

“智”字虽然出现较早，但在春秋以前并不多见，到了春秋后期，“智”才成为人们普遍认可的道德规范之一。就是说，古人对“智”的认识也有一个发展、提高的过程。

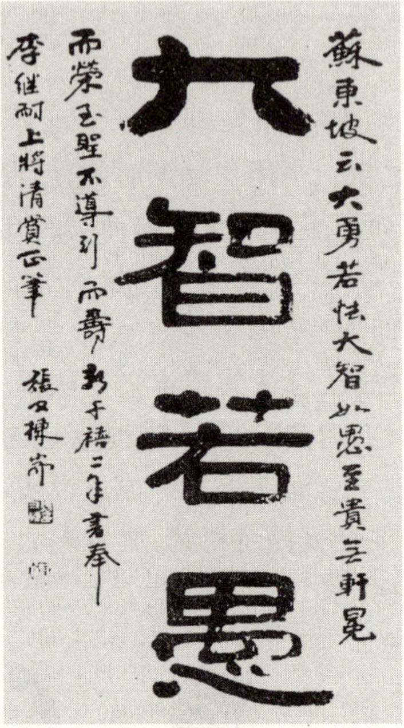

张又栋书法作品
引自杨再春《书法章法技巧》，北京体育大学出版社，2010年。

老子曾说：“知人者智，自知者明。”（《道德经·三十三章》）意谓能够了解他人的人是有智慧的，能够了解自已的人则是高明的。这句话告诉我们，看清别人是需要智慧的，但更重要的是要认识自己。只有认识自己的人，在为人做事上才能显得明达。

孔子对“智”有过这样的定义：“知（智）者不惑。”（《论语·宪问》）明确指出：智的最高修行是不惑。在儒家传统道德中，智、仁、勇是三个重要的道德范畴。《礼记·中庸》说：“知、仁、勇，三者天下之达德也。”孔子还认为：有智慧的人必须得好学。“子曰：好学近乎知（智）。”（《中庸》）意思是说好学的人就接近智慧了。这里有两层意思：第一，人都应当好学；第二，学习的目的不是光掌握知识，而是要有智慧。只有好学加独立思考的人，才可能具有智慧。与“智”字本义相应，智者虽然不一定多言，但一开口就像射箭一样，能抓住要害，击中目标。《论语·先进》云：“夫人不言，言必有中。”可见，一个人话不在多而在于精辟，故真知者必有智。

孟子从“性善论”角度出发，给“智”提供了一个本体论的基础。他说：“是非之心，智之端也。”这里所说的“智”，主要是辨别是非善恶的能力，而这种能力在孟子看来是极为重要的。有了辨别是非善恶的心，才有智的发端、萌芽；没有是非善恶的心，也就谈不上有真正的智。孟子把“智”看成是实现其最高道德原则“仁”的重要条件之一，有时，他就直接以仁和智来概括理想的人格：“仁且智，夫子既圣矣。”（《孟子·万章下》意为孔子之所以达到圣人境界，便在于他具备了仁与智的双重品格。在孟子看来，“智”是人“为仁”的基本条件,“仁且智”即强调“成仁”,还必需有“智”。用现在话来说,就是德才兼备。

《荀子·正名》云:“知之在人者谓之知。知有所合谓之智。”什么是“知有所合”呢?杨倞《荀子注》中认为,“知有所合”就是“所知能合于物”。意思是说,不管是什么样的认识,只要符合客观情况的,就叫“智”。这里,“知”被解释为一种认识事物的能力;“智”是在认识事物的基础上,对事物本质有着更深的理解与把握的能力。荀子的这一见解是符合认识论的基本原理的。从“智”的造字本义而言,被人知道的东西不一定都有用,但是有用的东西,必须得真正深入了解、掌握,才可以用语言很快地表达出来,并表达正确。

汉代贾谊在《治安策》中对“智”提出了更高的要求。他说:“凡人之智,能见已然,不能见将然。”这就是说,“智”也有大小之分。一般的智慧,是指对那些已经存在的事物、现象及其规律能进行认识和把握,即分析与判断的能力;真正拥有大智慧的人,不光能了解过去的历史,还能以史为鉴,适应和把握未来的变化。

中国佛教对人的智慧也非常重视。佛教的“佛”,是佛陀音译的简称,佛陀即觉者,是对自然人生真相彻底明了的人,而觉者,就是那些具有圆满智慧的人。《金刚经》和《心经》都是讲人如何得到智慧的重要佛学经典。当然,佛教的“智慧”和“慈悲”又是分不开的。有“慈悲”心,也就是有菩提心(成佛之心),才能得到智慧。佛教经论中又有把智慧比作利剑、利箭、灯光的。如《维摩经·菩萨行品》有“以智慧剑破烦恼贼”等语。

除了佛教,中国古人似乎不常用智慧这个词,而喜用一个“智”字。

相比其他学派,儒家讲得更多的是一个“学”字,要人重视学习,重视切磋琢磨。诚如孔子所言:“知之为知之,不知为不知,是为知(智)也。”(《论语·为政》)敢于承认自己有所“知”、有所“不知”,本身就是一种智慧。只有这样的人,才能虚心地去接受别人的教诲,才能不断释疑解惑,才能成为一个智者。而北宋苏东坡讲的“大勇若怯,大智若愚”,则是与道家强调的

“大巧若拙、大辩若讷”(《老子·四十五章》)意脉相通。真正的大智是深藏不露的,是不那么张扬的。这也包含了警示人们要低调做人,不要聪明反被聪明误的意思。正如俗话所说的那样,“智者千虑必有一失,愚者千虑必有一得”。

所以,我们只能以求知的心态去解惑,千万不要以智者的身份而自居。

人以“信”为本

在中华民族的文化基因中，一个“信”字具有特殊的意义。我国最早的历史文献《尚书》已有这方面的记载，如《康王》中有“信用昭昭明于天下”；《周书》中有“允哉允哉，以言非信则百事不满也”等。先秦时期百家争鸣，各学派虽相互驳难，遵守信用却是备受推崇的良言箴规，也是诸子共举的道德标准。此后，讲究诚信，逐步成为中华文化的一种优良传统。在现代社会，诚信更是每个人都应具备的基本素质。

“信”字在甲骨文未见。金文写作，（人），（口），说话，造字本义有以言许诺之意。亦有作之形，（千），（言），表示用许多言语作保证。又写作，将改成（人）。篆文作，承续金文字形。隶书写作，将篆文的变为。

春秋以前，“信”字多用于对上帝、鬼神的虔信，在春秋之时其意还有沿用。如《左传·庄公十年》记齐鲁大战前，鲁庄公对曹刿所言：“牺牲玉帛，弗敢加也，必以信。”而曹刿并不看重鲁庄公对祭神的虔诚，对曰：“小信未孚，神弗福也”。意为与神佑相比，更重要的是得到老百姓的信任。

后经先秦诸子百家，特别是儒家的大力提倡，“信”字逐步摆脱原来的宗教色彩，成为一个已有道德含义的常用字。典型如诚实不欺：“为人谋而不忠乎？与朋友交而不信乎”（《论语·学而》）；也有信约、盟约之意：“以继好结信”（《左传·襄公元年》）；又作符契、凭证之用：“大将使人行，守操信符”（《墨子·号令》）等。

《说文解字》：“信，诚也，从人言”。按其本义为诚信（在《说文》中，诚、信二字本为互训），即人说的话必须诚实不欺。为何“从人言”，就是诚实之“信”呢？段玉裁注“信”：“会意字，……人言则无不信者，故从人言也。”意思凡是人所说的话，皆发自内心而诚实无伪的；若是别人说的亦如此，因而应该相信他人所说的。这里，段注体现了儒家“推己及人”的思想，突出的是人的本体特征以及心口一致的意义。

“人言为信”，千年前的古人就这样认为，并一直被后人所广泛接受，这和儒家思想在传统文化中占主导地位有关。在儒学中，“信”，既是实现“仁”这个道德原则的重要条件之一，又是其道德修养的主要内容之一。

孔子将“信”作为“仁”的重要体现，是仁者必备的品德，凡在言论和行为上做到真实无妄，才能取得他人的信任。所以，孔子把“信”列为对弟子进行教育的“四大科目”（言、行、忠、信）和“五大规范”（恭、宽、信、敏、惠）之一。在他看来，“信”，首先是对于个人道德规范的要求，也是人立身处世的根本。“人而无信，不知其可也。”（《论语·为政》）同时，孔子又强调“信”在治理国家中的重要作用，认为治理国家时，即使“去兵”、“去食”，也不能“去信”，因为“民无信不立”（《论语·颜渊》）。

孟子继承了孔子关于“信”的基本思想，并进一步把“朋友有信”与“父子

引自蔡志忠《蔡志忠漫画集》(《论语》篇)，三联书店，1992年。

有亲、君臣有义、夫妇有别、长幼有序”并列为“五伦”(《孟子·滕文公上》)，又提出了并列的四德：“仁”、“义”、“礼”、“智”(《孟子·公孙丑上》)，作为对人道德评价的基本标准和伦常规范。

正是在孔孟思想的基础上，汉儒又把“信”列入“五常”(仁、义、礼、智、信)之中，从而构成了一个完整的封建伦理纲常的体系。可以说，“五常”学说是儒家先哲们对各种道德规范进行长期筛选而形成的。

时至今日，我们仍然把人与人之间是否讲信义、守信用作为个体道德重要的判断标准，称那些在生活中信守诺言的人为正人君子，又常用“小人”、“伪君子”来形容那些背信弃义的人。

要求人说话应该兑现，“言必信，信必果”，是为诚信。历史上，曾有许多这样的典故，而且这些典故大多是真人真事。诸如：立木为信(商鞅)、一诺千金(季布)、季子挂剑(季札)等。而庄子记载的一则与爱情有关的故事——尾生抱柱，更是成了后人坚守爱情信约的典故。《庄子·盗跖》：“尾生与女子期于梁(桥)下，女子不来，水至不去，抱梁柱而死”。尾生可谓是中国历史上第一个有文字记载的为情而死的男子。

不过，对尾生的殉情，人们也有不同的看法。假如那个女子只是和他开了个玩笑，那么尾生的死就有点不值了。所以，孔子的学生有子就主张信要符合道义："信近于义，言可复也。"（《论语·学而》）复，有实践的意思。朱熹《集注》云："复，践言也。"这句话的意思是：讲信用还要符合道义的要求，符合道义的话才能去践行，不符合道义的可以不必践行。可见，信也有大小之分，正如曹刿所说，"小信未孚"，连鬼神也不加福佑的。

早在两千多年前，《诗经·郑风·扬之水》中就有这样描写："扬之水，不流束薪。终鲜兄弟，维予二人。无信人之言，人实不信。"这明显是作者的沉痛之言：世间多有无信之人，所以他人的话，你可别轻易相信。

烽火一笑

引自刘刚、李冬君《文化的江山》上册，山西人民出版社，2009 年。

这样的事例我们同样可以举出许多。诸如周幽王烽火戏诸侯，言而无信，留下千古笑谈；还有"狼来了"的故事，成了我们教育孩子从小要诚实的最好教材。当然，它们从反面告诫我们：不要轻易失信于人，否则是要付出惨痛代价的。

问题是，若以"人言为信"，也许有人会说："谎话千遍就是真"，如何是好？

有个"曾子杀人"的故事，可以用来说明这个问题。曾子何人也？孔子七十二弟子中的高足曾参也，以贤能诚实著称。他又如何会杀人呢？据《战国策·秦策二》记载："昔者曾子处费，费人有与曾子同名族者而杀人，人告曾子母曰：'曾参杀人。'曾子之母曰：'吾子不杀人。'织自若。有顷焉，人又曰：'曾参杀人。'其母尚织自若也。顷之，一人又告之曰：'曾参杀人。'其母惧，投杼逾墙而走。"这是"谎话千遍就是真"的古代版，也是"人言为信"的一个反例。

这一反例告诉我们，谎言无需重复千遍，只要三次以上就可以使人信以为真。由此想到，难怪现今有些文体明星要替一些厂商做虚假广告，因为他们的特殊身份，吹牛容易被人相信，又能赚人眼球，外加巨额报酬，何乐而不为呢？但一经曝光，这些明星连同商品统统来了个名誉扫地。

古人很有意思，把那种说话不算数，喜欢吹牛而又不守信用的行为称为“食言”。据《尔雅》解释：“食，言之伪也……言而不行，如食之消尽，后终不行，前言为伪，故通称伪言为食言。”也就是说，所谓“食言”，即讲假话或吹牛。因为吃食物，一吃下去就没了；讲假话也如此，讲过就完了或忘了，不需要真的去履行和兑现的。所以，我们现在把坚决履行诺言，说话一定算数，说到做到的，称为“决不食言”。

有鉴于此，现在有学者认为，“信”字应是以“言”作意符，以“人”作声符的形声字，而非会意字。并认为如果把“人言”理解成会意的话，就把凡是人说的话都当做可信的了，这显然与事实不合。无论古今中外，心口不一的人与事实在是太多了。如果说许慎的原解是语焉不详的话，那么段玉裁的说法则是不正确的。因为信的原本意义应该是人先有其实，而后以言语的方式表达出来，故从言从口，而声符是从人的。

另外，也有学者指出，信字早期金文有写作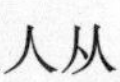，从人从口，而不从言。这个“人口为信”，或许原是指给人捎口信吧（后又变成捎书信）。古代有称使臣曰信，也称信使，可能用的正是信字本义。帮人传话当然要保持原样，不能加油添醋，这才引申出后来有关诚信一义来。至于信用、信誉等，则更是再后的引申义了。

综合以上的意见，对于“信”的构字理解虽稍有不同，但本义大体一致，都是强调言而有信（实）的意思，并且“信”的基本含义也都没有失去它的道德意义。到底是“人言为信”，还是“人口为信”？在未有定论之前，可能还是留给读者自己选择为好。

何谓“忠”

旧时老式住宅的大门上，经常贴着这样的对联：“忠孝传家久，诗书继世长”，这反映了民间忠孝观念的根深蒂固。在中国封建社会，忠与孝是一对分不开的兄弟。当然，有时它们也会发生点矛盾，所谓“忠孝难以两全”。在老百姓看来，你在家是孝子，将来出去做事一定是忠臣；你平时不孝顺父母，也就不会懂得报国、爱民，将来肯定也成不了朝廷的忠臣。怪不得中国在没有实施科举制度之前，国家挑选人才首先要从各地举荐的孝子中选拔。这在历史上叫做“举孝廉”。

“忠”这个字，未见于甲骨文，亦未见于公认成书最早的传世文献《诗》、《书》、《易》、《礼》、《春秋》这“五经”的正文（《尚书》的情况较复杂，今文《尚书》中无“忠”字，古文《尚书》中已有出现，但古文《尚书》一般认为是伪古文）。可见在春秋以前，“忠”字作为一种道德观念可能还未形成。

“忠”金文写作，（中），既是声旁也是形旁，表示正而不偏；（心），造字本义为内心公正而不偏。篆文承续金文字形，写作或。隶书作，将篆文的简化为。

《说文解字》曰：“忠，敬也。尽心曰忠。从心，中声”。许慎认为“忠”是形声字，心是形旁，中是声旁。这是对“忠”字最早的解释。段玉裁注：“敬者，肃也，未有尽心而不敬者。”用“肃”来解释“敬”，似更能体现人的外在仪表的意思。从小篆“忠”的写法可见，忠是存心居中，正直不偏。所以，也有学者认为“忠”不是形声字，而是会意字，从中，从心，心在中为“忠”。即把心放在正中，不偏不倚，无论对待什么，只要把心的位置摆正，就是忠。

忠义千秋

引自曾红莲《忠义千秋》，《收藏》2011 年第 1 期。

“忠”字在传世文献中的最初使用，当是《论语》一书。据统计，“忠”字在《论语》中，总共出现了 18 次，其中有 14 次是孔子亲口说的。作为儒家创始人，孔子对“忠”给予了高度重视，将其列为教授弟子的四门课程即“四教”（文、行、忠、信）中的一门。正是在孔子的倡导下，“忠”便成为人们津津乐道的一个字眼，并产生了一批相应的词汇：忠烈、忠朴、忠俭、忠良、谨忠、旌忠、矢忠、忠贯日月、忠肝义胆、赤胆忠心、尽忠竭力等。

古人重视祭祀，从忠字本义而言，就是人们在祭祀时要保持肃穆恭敬的态度，对一事一物无不尽心尽力。后来才引申为忠于君王或国家等多种含义。一般特指为"忠君报国"。实际上,"忠"的应用范围是相当广泛的。对此,我们应该要有所了解。

我们读《论语》,发现《论语》里的第一个"忠"字,并没有被君王所垄断,而是属于普通人的。《论语》第一个"忠",见于曾子论述日常生活中的人际交往。曾子曰:"吾日三省吾身:为人谋而不忠乎?与朋友交而不信乎?传不习乎?"意为君子在人际交往中,对他人的承诺一定要尽心尽力去做,这就是"忠"。"吾日三省吾身"是众所周知的修身名言,"为人谋而不忠乎"又是"三省"的第一项内容。这里的"人"字,所指的仅是一般人,他们既没有财富上的差别,也没有地位上的高低。儒家主张人际交往之"忠",是尽心尽力之"忠",即对任何人的承诺都应该有认真负责的态度。后来,忠,可以应用于朋友之间,也应用于个人与公家之间,如《春秋左传·僖公九年》便有"公家之利,知无不为,忠也"的说法。

起初的"忠"还有"君忠于民"的意思,表现为君主对老百姓的仁爱,这可能有点出乎我们的意料。据《左传·桓公六年》载季梁语:"所谓道,忠于民而信于神。上思利民,忠也;祝史正辞,信也。"这里"道"的概念显然与政治有关,"道",就是讲究"忠信"。"忠"的对象是民众,"信"的对象是神灵。作为君主,首先要"忠于民",然后才能"信于神"。而所谓的"忠",就是要"上思利民",即君主必须爱护百姓。古代君与民之间,是君应该忠于民,还是民应该忠于君。最早的答案原来是:君应该忠于民!

秦汉以后,历代皇帝及其御用文人们开始偷换了"忠"字的概念,把原来对人对事尽心尽力的"忠",变为对皇帝一人的"忠",而且是非理性的愚忠。由此,中国历史上出现了一大批所谓的忠臣,特别是南宋抗金名将岳飞蒙冤而死,却一直被认为是"忠"的典型。岳飞"精忠报国"的故事代代相传,其爱国精神亦深受后人的敬佩。但这是一桩著名的冤案,因为牵涉到皇帝宋高宗不能对外的私密——以苟和保全王位,所以才有这样"君要臣死,臣不得不死"的荒唐结果。当然,造成这一悲剧的原因之一,也与岳飞对朝廷的愚忠分不开。

其实，这与儒家传统思想是完全相悖的。儒家主张君臣关系应该合情合理，臣之“忠”是有先决条件的。孔子在鲁国时，“(鲁)定公问：‘君使臣，臣事君，如之何?’孔子对曰：‘君使臣以礼，臣事君以忠。’”(《论语·八佾》)也就是说，臣对国君尽“忠”，是以人格尊严为前提的。先是国君对臣有“礼”，后有臣对国君尽“忠”。君臣之间应是一种相互对应的关系，而不是单方面尽责的关系。换句话说，没有君之“礼”，也就没有臣之“忠”。君王若胡作非为，忠臣当然要劝谏，这是做臣子的本分，但要建立在君王信任的基础上。而臣子进谏也要讲究智慧，懂得适可而止，为做“忠臣”不顾一切，最后把命也搭上，就是所谓“死谏”，那就没有必要了。岳飞的悲剧，或许就在于他至死都没有明白这一道理。在这方面，堪称君臣最佳拍档的，历史上恐怕只有唐太宗和魏征了，但这在封建社会又是可遇而不可求的。

岳飞
引自孙建华《漫步名人故地》，中国社会科学出版社，2005年。

明白了“忠”这个字的基本涵义，我们又要提到两千多年前孔子的高足——曾子了。当年，曾子为了保持清醒的头脑，每日反省自己所言所行，首先就是反省“为人谋而不忠乎”。而今，作为二十一世纪的每一个公民，我们面对着纷繁复杂的世界，是否也尽心尽力地做人处事了呢？如果我们都能效法曾子每日反省的功夫，也不妨每天来个扪心自问：今天，你“忠”了吗？

“恕”与恕道

北宋宰相范尧夫，论名气远不如其父范仲淹，却能后来居上，不光仕途顺畅，而且为官清廉，有“布衣宰相”之称。范尧夫任宰相期间，诸事办得上下满意，众朝臣很少指责他的过失。他在待人方面更是游刃有余，有口皆碑。对此，范尧夫曾做过自我总结：“吾生平所学，得之忠恕二字，一生用之不尽。”(元许明奎《忍经》)什么是忠恕呢？他的回答是：用责备别人的心来责备自己，用宽容自己的心来宽容别人。做到这两个字，人皆可为圣贤，何况区区宰相呢！这话说是容易，却并非一般人所能做到的。

“忠恕”，是中国儒家的传统伦理与哲学范畴，也是中国历代封建文人终身奉行的人生信条。按字面理解，所谓“忠”，指尽心尽力为人谋；“恕”，指设身处地为人想。孔子最先提出“恕”，并为其下定义说：“其恕乎，己所不欲，勿施于人。”（《论语·卫灵公》）最早将忠恕联系起来的是春秋时代的曾子。他在解释孔子“吾道一以贯之”时说：“夫子之道，忠恕而已矣。”（《论语·里仁》）从此，忠恕之道便成为儒家处理人际关系的基本原则之一。

在甲骨文中，目前还未见“恕”字。金文写作，是一上下的合体字，上为“女”，下为“心”，造字本义是突出女性的温柔和宽容。籀文（大篆）中写作，延续了金文特征；小篆作，上（如），下（心）。“如”字甲骨文中已有，写作，左（口），右（女），本义为女子应诺男子的要求。篆文始作，调整了左右顺序。《说文》云：“如，从随也。从女，从口。”故小篆的“恕”字，除了表示女性的温柔，还有强调宽谅、随顺之意。在古文字家族中，“恕”与“怒”二字相对，金文中通用，到篆文开始分化。古代女子宽谅他人的冒犯为“恕”，反抗他人的行为为“怒”。《说文解字》曰：“恕，仁也。从心，如声”。段玉裁解释说：“为仁不外于恕，析言之则有别，浑言之则不别也”。

“恕”字虽在先秦主要经典如《诗经》、《尚书》、《周易》中未有出现，但“恕”的思想应该早就根植于华夏先民的心中。除了《论语》，我们在先秦其他典籍中也可以见到这方面的言论。如《左传·隐公三年》：“信不由中，质无益也。明恕而行，要之以礼，虽无有质，谁能间之？”大意是：两国结盟如果不相信对方，即使有人质作抵押也没用；如果双方都能懂得将心比心，并用礼来进行约束，就是没有人质，也没人能离间双方的结盟。另外，有些经典中有与“恕”相关的字，例如宽、让、宥、容等，它们也包含了“恕”的基本意思。

一般认为，“恕”作为一种具有道德含义的观念，最早是由孔子提出来的。《论语·卫灵公》记载：子贡问曰：“有一言而可以终身行之者乎？”子曰：“其‘恕’乎！己所不欲，勿施于人。”这里，孔子用“己所不欲，勿施于人”八个字概括了“恕”的基本含义，即自己所不愿意的任何东西，也不要强加到别人身上去。由此可见，“恕”包含着宽恕、容人的意思。这就是孔子所提倡的成人之美、与人为善的品德。古文中凡与“恕”沾边的词，都有这样的褒义。如恕道：宽仁之道；恕心：仁爱之心；恕实：忠诚老实；恕直：宽仁正直等。

“恕”,是孔子仁学当中一个重要方面的内容。贾谊《新书·道术》:“以己量人之谓恕。”。朱熹《论语集注》:“尽心之谓忠,推己之谓恕。”也就是说,“恕”是以自己的仁爱之心,去推度别人的心,从而正确地处理人际关系和谅解别人。可见,孔子强调的“恕”,是严于律己,宽以待人,将心比心,推己及人的道德规范。这种道德规范有利于人与人之间的相互理解和谅解,有利于消除人与人之间的隔阂,化解人与人之间的矛盾,使人际关系变得更加单纯而和谐。

引自蔡志忠《蔡志忠漫画集》(《论语》篇),三联书店,1992年。

“恕”体现了一种宽容的心态。世界上没有完全相同的两片树叶,更没有完全相同的人。不同的人,思想和观念不一样,脾气性格不一样,认识问题的角度也不一样。所以孔子主张待人要有宽容之心,要允许别人有自已的想法,要站在对方的立场去设想,理解对方的心情、立场和观点。依据这种心理原则去处理人际关系,就可谓“恕”了。另外,还应该做到“躬自厚而薄责于人”(《论语·卫灵公》),即对自己要严格,对他人却不能求全责备,要善于体谅他人的不周和不妥之处。一个“恕”字,强调了包容、宽恕的心态在人际交往中的重要性。

“恕”,是一个人值得终身奉行的高尚品德。生活中,人们往往喜欢指责他人的过错，而原谅自己的不足，由此就会引发许多无谓的纷争和不快。如果严于律己、宽以待人，又能以己度人，则会增进了解，和睦相处。所以，对“恕”的理解，并不是权宜之计，而是要诚挚地奉行一生。正如清朝金兰生在《格言联璧·持躬》中说：“以恕己之心恕人则全交，以责人之心责己则寡过。”

鲍叔牙屈己让相

引自宋一夫《中华儒学精华画集 恕》，吉林文史出版社，1994年。

如何才能体现“恕道”？孔子曾说：“君子有三恕：有君不能事，有臣而求其使，非恕也；有亲不能孝，有子而求其报，非恕也；有兄不能敬，有弟而求其顺，非恕也。士能明乎三恕之本，则可以端身也”（《孔子家语·三恕》）。在这“三恕”中，包含着事君、尽孝和行悌三个方面。一个人自己没有做到其中一个方面，却要求别人去做，这在孔子看来就是不合乎“恕道”的。只有先求诸己而后求诸人，才算是行为端正的人。

儒家文化博大精深，不仅塑造了中国文化的基本面貌和特质，而且深刻地影响了周边地区尤其是东亚地区，极大地促进了这些地区的文化发展。今天，在全球化的大背景下，儒家文化更焕发出了新的活力。1993年在美国芝加哥举行的世界宗教大会上，提出《世界伦理宣言》称：“数千年来，人类的许多宗教和伦理传统都延续着这样一条原则：己所不欲，勿施于人。换用肯定的措辞，即：你愿意人怎样对待你，你也要怎样待人！这应当成为所有生活领域——包括家庭与社群、各种族、各国家、各宗教的千古不易、绝无条件的准则。”

儒家的“恕道”就是仁爱的实现之道，也是人类各种文明和谐相处的金光大道。

“节”与符节、节操

“苏武牧羊”是一个家喻户晓的历史故事。苏武被匈奴扣押十九年而不改其节操，表现出“威武不能屈，富贵不能淫，贫贱不能移”的高尚品质。据《汉书·苏武传》载：“武既至海上，廪食不至，掘野鼠去草实而食之，仗汉节牧羊，卧起操持，节旄尽落。”这里所提到的节旄，是旌节上所缀的牦牛尾饰物。在古代，它是人们所持的符节，可以用作代表国家出使的凭证或信物。当年，苏武所持旌节上面的毛都脱光了，竟然还被他一直拿在手上，这主要是一种信念在起作用，表明了苏武在处境十分困难的情况下，心中依然抱有回归汉朝、完成使命的强烈愿望和坚定决心。正因为如此，班固在《汉书·李广苏建传》的赞中说：“孔子称‘志士仁人，有杀身以成仁，无求生以害仁’，

傅抱石　苏武牧羊

引自刘刚、李冬君《文化的江山》下册，山西人民出版社，2009年。

使于四方，不辱使命，苏武有之矣”。

那么，苏武为何要把旌节作为国家之间的重要凭证？所谓“节”与旌节（符节）、节操又是具有怎样的联系？我们不妨从“节”字的字义演变来说起。

在古文字家族中，“节”是个较晚产生的字，甲骨文里无从寻觅。它的繁体字为“節”，金文写作[金文字形]，上面是个竹字头，说明“节”的字义原是与竹有关的。小篆写作[小篆字形]，亦保留其字形意义。隶书写作[隶书字形]，开始将竹字头换成了草字头，以后一直加以沿用。

《说文解字》曰：“節，竹约也。从竹，即声”。段玉裁注：“约，缠束也。”由此可知，“节”字产生是与竹有着直接关系，原是指竹的枝干间坚实结节、分枝长叶的部分，即竹节。因“节”的本义是竹节，其形状如有所约束、节制，故称之“约”也。

按许慎解释，“节”是形声字，其本义是竹节，后有节制、节奏、调节等涵义，又逐渐引申为有人文精神的礼节、气节、操守之意。《易·颐象》：“君子以慎言语，节饮食。”即有调节、控制之意。《论语·微子》：“长幼之节，不可废也。”则有表示礼节之意。由礼节又引申出“气节”、“操行”等词义，表示对规定礼节和道义的遵守，初步具备了“节操”之意。如《左传·成公十五年》：“诸侯將见子臧于王而立之，子臧辞曰：‘前志有之曰：圣达节，次守节，下失节。为君非吾节也’”；《荀子·王霸》曰：“士大夫莫不敬节死制”。这里的“节”均已有节操之意。

就“节制”这一引申义来说，在先秦典籍中是常用的。《周易》中，有专门的《节》，主要探讨如何节制的问题。如“《彖》曰：节，亨，刚柔分而得中。苦节，不可贞，其道穷也。说以行险，当位以节，中正以通。天地节而四时成，节以制度，不伤财，不害民”；“甘节，吉，往有尚。”(《周易·节》)从中可以知道，《周易》把节制看作是天地万物运行的客观规律，是一种合符中正之道的道德原则。《周易正义》疏曰：“天地以气序为节，使寒暑往来，各以其序，则四时功成之也。王者以制度为节，使用之有道，役之有时，则不伤财，不害民也”。这是古人在理性的视野下探讨节制的美德。同时，《周易》中具备伦理色彩的“节”的意蕴，也有礼节、节操等，例如：《周易·家人》中《象》曰：“家人嗃嗃，未失也。妇子嘻嘻，失家节也”。

在先秦可考的文献中，“节”的几个常用义项已经广泛使用，且用法基本成熟，可以用来指法度、节度、礼节，合理的安排和规定，以及节制、调节等意。而这些义项的产生又是和“节”的早期一个基本义项——“符节”紧密相关。值得注意的是：“节”的这些意义，基本上都是从竹节的本义直接引出。

《尚书·康诰》：“惟厥正人越小臣諸节”；《左传·文公八年》：“司马握节以死，故书以官。”二者都有符节之意。作为古代一种重要凭证，符节以金玉竹木等制成，上面刻有文字，一般分为两半，使用时以两半相合为验。《管子·君臣上》：“又有符节印玺典法筴籍以相揆也。”尹知章注：“符节印玺所以示其信也。”又《周礼·地官·掌节》：“门关用符节，货贿用玺节，道路用旌节，皆有期以反节。”后来，“节”则成了发兵符和使者所持凭证的统称。《史记·高祖本纪》：“秦王子婴素车白马，系颈以组，封皇帝玺符节，降轵道旁。”司马贞索隐引韦昭曰:“符,发兵符也;节,使者所拥也。”就此而言,苏武代表西汉朝廷出使匈奴所持旌节(符节),虽然形状已发生了很大变化,但其性质、作用与之前应是一样的。

“节”既有凭证、守信之意,于是又和古人的气节、操守产生了联系。进一步究其原因,这当然是与竹的特征分不开。对此,许慎对“节”的本义解释应是很到位的。竹,作为自然界普通植物,虽不特别粗壮,但却正直挺拔,清秀雅洁,又不惧严寒酷暑,四季长青。另外,竹子内部中空,象征虚心;竹竿节节向上,好似人的高风亮节。正如唐代张九龄《和黄门卢侍御咏竹》诗所写:“高节人相重,虚心世所知”。

在中国传统文化中,竹便成了君子的化身,乃“四君子”(梅兰竹菊)之一,又是“岁寒三友”(松竹梅)的一分子,代表着一种操守。竹于风霜凌厉中苍翠欲滴,不作媚世之态的品格,更让古人引为同道,因而中国文人的居室住宅大多植有竹子。东晋王子猷曾说:“何可一日无此君!”(《晋书·王徽之传》)北宋苏东坡也说:“宁可食无肉,不可居无竹。无肉令人瘦,无竹令人俗。人瘦尚可肥,士俗不可医。”(《于潜僧绿筠轩》)朴实直白的语言,显示出那悠久的文化精神早已深入文人骨髓。清代著名书画家郑板桥,更是有着竹癖,他通过长期而又细微的观察,笔下所描绘的竹子千姿百态,达到了匠心独运、神韵高远的境界。竹,成为历代咏物诗和文人画中最常见的题材,也是中国人托物言志的象征,正是根源于对它的独特风韵和品质的向往。

由此可见,从“节”的本义“竹节”,衍伸出“符节”、“节制”、“礼节”等词义,同时产生具有人文意蕴的“节操”词义。其过程就像竹自身的生长一样自然而然。

与竹的高洁、虚心特征相应,在中国古代社会,节操是洁身自好、品行端正的代名词,也是志士仁人努力遵循和终身追求的道德规范。历史上,从“义不食周粟”,宁可饿死首阳山下的伯夷、叔齐,到“好持高节”的鲁仲连;从楚国节士申包胥,到手持汉朝符节、牧羊为生的苏武;从南宋临死不降的文天祥,到“名节重泰山,利欲轻鸿毛”的明代诗人于谦……这些都是受人称赞

竹子
引自梁燕莺、卢薇《植物百态·竹》,江西美术出版社,2009 年。

和敬仰的气节之士,他们的事迹彪炳史册,他们的品行则闪现出道义的力量和人格的魅力。

崇尚节操,是儒家思想的核心内容和价值目标,也是中国传统文化的重要伦理范畴。所谓节操,指的是一个人的气节和操守。一个人,临大事要有气节,论处世要讲操守。杭州岳王庙中镌刻的岳飞名言"文官不爱钱,武将不惜死,天下太平矣",(《宋史·岳飞传》)就是现在读来也有警世意义。无论文武官员、平民百姓,亦无论何时何地,做人都得要讲节操。不该要的钱财丝毫也不能取;应当做的事情,再艰难也不能逃避。只有这样的人,临大事才能有气节。

见义不为，无“勇”也

“见义勇为”，是我们常说的一句成语，也是中华民族优秀传统之一。这一成语源于《论语·为政》中孔子的一句名言：“见义不为，无勇也。”什么是义？义，宜也，就是指应该做的事。孔子这句话的意思是：见到应该做的事而不去做，就是没有勇气。从另一个角度而言，见到应该做的事就要敢于去做，用今天话说：“路见不平一声吼，该出手时就出手”！

可是如今我们在使用“见义勇为”这个词语的时候，常常只是指与歹徒搏斗，或参加救灾抢险而遭受伤亡之类的事。这实际上是把“见义勇为”中“勇”字的含义大大缩小了。

“勇”字于甲骨文至今无见，最早见于金文中，写作，至少是在西周时期

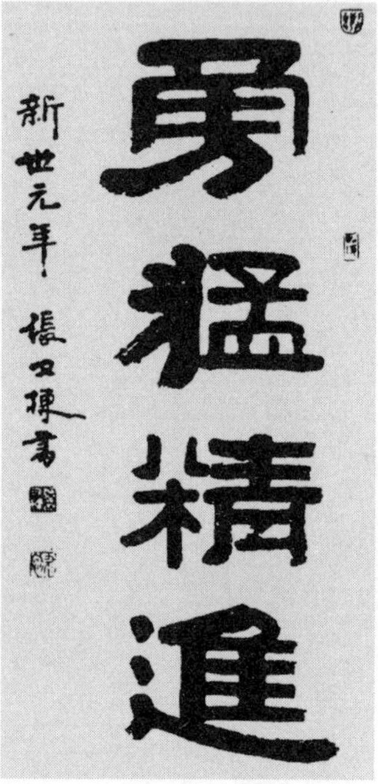

张又栋书法作品
引自杨再春《书法章法技巧》，北京体育大学出版社，2010年。

开始出现的文字。其字形上下结构，由（甬，“用”的误写）加上（力），表示农业时代男子身强力壮，在家庭里起着关键的作用。“勇”在金文中也可简写成之形。籀文（大篆）作，用“心”代替“力”，突出男子的胆大无畏。《说文解字》中篆文作，将原金文的上下结构调整成左右结构，也有男子用力之意。篆文另有异体字写作，由（戈，兵器）加上（用），除了表现男子身强力壮，还有敢于作战，不怕牺牲的意思，身份也由农夫成了壮丁。

什么是“勇”呢？《说文解字》曰：“勇，气也。从力甬声。，勇或从戈用。恿，古文勇从心”。段玉裁注曰：“气，云气也，引申为人充体之气之称；力者，筋也；勇者，气也；气之所至，力亦至焉；心之所至，气乃至焉。故古文勇从心”。从此可知，“勇”有着由内而外的表现，故曾从心，这是涉及精神层面的；心之所至，气亦相随，故又从气；一鼓作气，力亦到焉，故又从力，这是关于身体层面的。从外在看，勇，表现为果敢不惧；从内在言，勇是为了循道义而行。可见，“勇”字本身有着一种实践德行的意义所在。

在中国历史上，古人对“勇”都是推崇有加的。《管子·水地》曰：“折而不饶，勇也。”意为只有经过百折不饶的人，才称得上是勇士。《左传·昭公二十年》曰：“知死不避，勇也。”已有舍生取义之意。《墨子·经上》曰：“勇，志之所以敢也。”则把勇敢与人的志向连在一起。连佛家也有赞美之辞，唐释玄应所撰《玄应音义》称：“勇，雄武果决也。”

中国传统文化重视“勇”，并且谈勇总是与道义相联系，特别是儒家，把智、仁、勇三者并称。可以说，在中国文化里，“勇”，并不是指那种天不怕、地不怕，敢于玩命的鲁莽行为，真正的勇是坚守道义而无所畏惧，它不屈服于权势，不为利诱动心，也不为死亡威胁所动摇。

“勇”作为儒家的伦理范畴，主要属于道德意志方面的品格，即为了道义无所畏惧，是“勇”的基本内涵。春秋时，儒家原本尚武崇勇，孔子本人则威猛有力，擅长骑射，但他的勇从不用于小打小闹上，而是表现于求道之执著以及临危之从容。

孔子把“勇”作为实施“仁”的条件之一，主张“勇”必须符合仁、义、礼、智。《论语·宪问》曰：“仁者必有勇。”又《子罕》云：“知者不惑，仁者不忧，勇者不惧。”他认为君子应该具备这三种品德，即智、仁、勇，并尊其为“三达德”。

在孔子看来，“智”、“仁”、“勇”三达德中，是以“仁”为核心的一个既相互联系又相互补充的整体。只有以智慧明辨是非善恶，才有“仁者爱人”和“勇者不惧”的各自体现，而“勇”若离开“仁”，也就成为不义之勇。孔子云：“君子有勇而无义为乱。”(《论语·阳货》)故“仁者必有勇，勇者不必有仁。”(《论语·宪问》)而儒家主张“杀身成仁”，“舍生取义”，又说明“智”和“仁”也离不开“勇”。在“智”与“勇”之间，只有两者互相补充，方可成为智勇双全的人才。一个君子，只有具备“智”、“仁”、“勇”三达德，才能达到“不惑”、“不忧”、“不惧”的精神境界。

儒家把“勇”分成“德义之勇”和“不义之勇”两类：只有符合道义的勇，才算是“德义”之“勇”；否则就是不义之“勇”。孔子在《论语》中指出：小人“好勇疾贫，乱也。”(《泰伯》)“好勇不好学，其蔽也乱也。”(《阳货》)“君子有勇而无义为乱，小人有勇而无义为盗。”(《阳货》)因为违背道义的“勇”有害于社会，所以，孔子非常鄙视“勇而无礼者”。受夫子的影响，孔子的学生子贡也厌恶“不孙(逊)以为勇者。”(《阳货》)儒家要求人们无论在什么情况下，都要坚守道义，做到“富贵不能淫，贫贱不能移，威武不能屈”(《孟子·滕文公下》)，这才是真正的“君子之勇”。概而言之，勇要以仁为基础，受义的约束，否则就会乱套。例如，古今中外的黑社会恐怖组织中，也有许多不要命的勇敢者(实为亡命之徒),但那种“勇”多以残害生灵为手段,以满足私欲为目的,因而是不仁不义的。

宋明理学家在孔孟思想基础上,进一步把“勇”分成“血气之勇”与“义理之勇”两种。所谓“血气之勇”,即由一时的感情冲动而产生的勇气,如不计后果的蛮干、斗殴等匹夫之勇;所谓“义理之勇”,是指由道义而激发的勇气,如为坚持真理而不屈不挠的英雄之勇。并一再告诫人们:“血气之勇不可有,有则足以偾事;义理之勇不可无,无则难以卫道。”(张伯行:《困学录集粹》卷五)。

由此来看,儒家所倡导的“勇”是有明确指向的,即“德义之勇”和“君子之勇”。正如西汉贾谊《新书·道术》上说:“持节不恐谓之勇”,就是指无论在什么情况下,都必须坚持操守,坚持真理。古往今来,中华民族许许多多仁人志士的高风亮节,已为此做了诠释。

儒家还有一句与“勇”有关的名言,叫“知耻而后勇”,源于“知耻近乎勇”,语出《礼记·中庸》。这里把人的羞耻和勇敢等同起来,意思是要人懂得羞耻并勇于改过,这也是一种值得推崇的品质。“知耻而后勇”,“知耻”是“勇”的前提,但光“知耻”还不够,还要勇于承担责任和错误,并需要坚强的意志和无畏的气概。因为耻辱也具有两重性,它既是一种精神障碍,又是一种人生动力。人只有在“知耻”后,才可能有卧薪尝胆的决心和勇气,否则就不能正确认识自己的不足,只能是愈发失败而不可收拾。

所谓耻者,耻辱也。“知耻而后勇”,就能忍人所不能忍,为人所不能为。例如:

越王勾践被俘吴国,含羞忍辱,卧薪尝胆,历尽磨难,终得以成就复国大业。

司马迁仗义执言,惨遭宫刑,忍辱偷生,发愤著书,完成史学巨著——《史记》。

文天祥面临绝境,仍不忘国耻,置个人生死于度外,知不可为而为之,身虽陷败，名扬千古。

在这些古人身上，或许你看不出有什么男子汉的威武勇猛，反而显得有点窝囊，似与“勇”字本义也相去甚远，但当你仔细琢磨，难道会感受不到他们身上特有的人格力量吗？

司马迁

引自闻君《中国文化探寻》，时事出版社，2007 年。

当我们对传统文化中“勇”的基本涵义有所了解后，再回过头来解读孔子“见义不为，无勇也”这句名言，也就不难明白其中的真髓了。见义勇为是一种美德，一种正义的行动，一种舍己为人的精神，是需要有极大勇气才能做到的。见义勇为，“勇”是前提，若“勇”已有，那还要看如何“为”了，也就是需要讲究一点智慧和方法，并不是单靠蛮力就可以达到。所谓“无勇”，亦不在于敢不敢挺身而出，而在于有无逃避应该承担的责任——义。

“让”者，礼之主也

中国人向以谦让有礼为美德，其由来亦久远。《易·谦》中有：“谦谦君子，卑以自牧也”之语，而在《易经》六十四卦里，再吉的卦也有不吉的爻，唯有“谦”卦六爻皆为吉。《尚书·大禹谟》告诫人们：“满招损，谦受益。”《老子》书中反复以水为喻，赞扬水能处下而不争却善利万物，也包涵这一层意思。《老子·第八章》有曰：“上善若水。水善利万物而不争，居众人之所恶，故几于道。”《论语·学而》则云：“夫子温良恭俭让以得之。夫子之求之也，其诸异乎人之求之与？”其中的“让”，就含有谦让、礼让、辞让之意。

“让”的繁体字为“讓”，在甲骨文及金文中虽未有发现，而在先秦典籍中早有使用。如《左传·昭公二十五年》：“且让之。”《国语·周语》：“让不责。”在篆文中，“让”写作讓，言（言），言辞；襄（襄），作声旁也是形旁。其本义为以言责备。隶书写作讓，将篆文的言简化成“言”，将襄简化成“襄”。《说文解字》曰：“让，相责让也。从言襄声。”《小尔雅》曰：“诘责以辞谓之让。”三国魏张揖《广雅》云：“让，责也。”清代段玉裁《说文解字注》：“相责让。经传多以为谦攘字。从言。襄声。”古文中所谓“让书”，即有责备言语的书信；“让勖”，既责备又勉励；“让诮”，即责让讥诮。

后来，“让”的意思由原来责备别人变为克制自己，有谦让、退让之意。如李斯《谏逐客书》：“泰山不让土壤，故能成其大。”这或与“让”成为古代的一种礼节仪式有关。古人接待贵宾非常讲究礼数，有时要举手做与心平衡状的动作，以表示恭敬或欢迎。这种礼仪称为“让”。《仪礼·聘礼》中说“宾入门，皇（仪态庄严）；升堂，让”。郑玄注：“让，谓举手平衡也。”贾公彦疏：“谓若《曲礼》云‘凡举者当心’”。可见，“让”这个字与儒家一贯倡导的“礼”有着很大关系，故有“礼让”之称。

礼让，在我国上古即有传统。据传尧帝曾让位于舜，而舜又让位于禹，还有吴泰伯和伯夷、叔齐让其兄弟，不肯继位为君，一直都是历史佳话。孔子曾极力称颂此类礼让行为，并希望国家乃至天下都能这样。孔子倡导礼让，如称赞泰伯时说“三以天下让”（《论语·泰伯》），谈到射礼时说“揖让而升，下而饮”（《论语·八佾》）。同时，孔子身体力行，是这方面的表率，子贡就说过：“夫子温、良、恭、俭、让”（《论语·学而》）。

与古人注重礼仪相关，在先秦典籍中出现的“让”，大多是用来表示谦让、退让的意思。如《尚书·尧典》：“允恭克让”。郑玄注：“推贤尚善曰让。”；《国语·晋语》：“让，推贤也”；《庄子·逍遥游》：“尧让天下于许由”等。中国千百年来流传的一个道德教育故事——“孔融让梨”，是东汉末著名文人孔融的真实故事，主要用来教育后人凡事应该懂得谦让的道理，也有比喻兄弟友爱之寓意。《三字经》中“融四岁，能让梨”即出于此。

孔子曾针对春秋时礼崩乐坏，各诸侯国统治者热衷争权夺利，不惜兄弟相残甚至逆子弑父的社会现实发出感叹：“能以礼让为国乎？何有？不能以

引自蔡志忠《蔡志忠漫画集》(《论语》篇)，三联书店，1992年。

礼让为国，如礼何！”(《论语·里仁》) 意为现在哪里还有以礼让的原则来治理国家的，既然不能以此来治理国家，那么礼还有什么用呢？孔子认为，“让”是“礼”的具体表现，治理国家要以“礼让”为原则。他非常向往上古尧、舜、禹时期实行的“禅让制”，尤其对伯夷、叔齐等人抱节守志、谦虚礼让的表现，更是大加推崇。然而这种谦虚礼让的精神，到了春秋时期已丧失殆尽，才导致了天下大乱。为此，孔子主张，不能只凭律法条文治理国家，而必须要以礼让为先。

“让” 又是古代礼仪的重要发端。孟子说：“辞让之心，礼之端也。”(《孟子·公孙丑上》)在孟子看来，一切礼数都是从人的辞让之心萌发出来的，一个人如果没有辞让之心，也就不会有“礼”的意识和行为。同时，“让”也是

“礼”的实际内容的体现。《左传·襄公十三年》:“让者,礼之主也。”邢昺疏:“礼节民心,让则不争。”葛洪《抱朴子·诘鲍》云:“衣食既足,礼让以兴。”朱熹《论语集注》则曰:“让者,礼之实也。”也就是说,人与人之间都能互相辞让,就可体现礼仪的实质内容。

一个人不懂得“让”,也就难以与他人和睦相处。对此,道家同样具有非常深刻的认识。老子说“持而盈之,不如其已;揣而锐之,不可长保。金玉满堂,莫之能守;富贵而骄,自遗其咎。功成身退,天之道也。”(《道德经·第九章》)此言富有哲理,值得令人深味。自然万物对立转化的规律,决定物极必反:盈则易亏;锐则易钝;满则易损;骄则易败。这可谓是对所有人的警示。老子又说:“夫唯不争,故天下莫能与之争。”(《道德经·第八章》)“不争”就是相让,是老子的“道”体现于生活准则的重要特征,凝聚了道家深邃的智慧。

据《桐城县志》记载,清康熙朝时,文华殿大学士兼礼部尚书张英接到老家来信,说与邻居吴家在宅基地问题上产生争执,要张英设法“摆平”吴家。后来老家的人收到了张英的回信,上面写有一首诗:“一纸书来只为墙,让他三尺又何妨。长城万里今犹在,不见当年秦始皇。”家人见信,即明白了其中的道理,便主动在原址上退让三尺垒墙。而邻居吴氏见后也受到感动,同样退地三尺,建宅置院。于是,“六尺巷”因此而成当地美谈。类似这样传说的版本各地还有很多,正反映了民间崇尚礼让风气的特定心理。

中国传统文化把“温良恭俭让”五种美德作为待人接物的准则。从字面上理解,就是强调为人要温顺、善良、恭敬、俭朴、谦让。其实“温良恭俭让”的前四个字是前提,最后的落脚点还要归到一个“让”字。一个人的一生中或许能做到“温良恭俭”,但一旦牵涉到自己切身利益的时候,如名誉、地位、报酬等,要做到一个“让”字就不容易了。对人谦让,不是表面的东西,更不是能装得出来的,它反映着一个人的内在素质,一种道德的境界。作为社会文明的一种体现,谦让,不是哪个人先天就有的,而是需要在后天通过不断修养才能达到的。

六尺巷

引自寒石、木子《六尺巷的窄与宽》,《旅游》2012年第3期。

《荀子·强国》曰:“人之所恶何也?曰污漫、争夺、贪利是也。人之所好者何也?曰:礼仪、辞让、忠信是也。”意思说,人们都厌恶争权夺利的人,喜欢辞让忠信的人。无论是从人的本性,还是人的理性选择来看,谦让有礼,都是人的一个基本特征。如果丢弃了它,人也就不成其为道德意义上的人了!

知“耻”而后勇

耻感，是中华文化的主要特色之一。历史上，耻食周粟的伯夷叔齐饿死首阳山；不愿同流合污的屈原自沉汨罗江；无颜面对江东父老的项羽自刎乌江；拒降匈奴的苏武十九年持节不屈。在他们身上都带有明显的耻感文化的烙印。汉语中表达耻感的语言极为丰富，诸如成语：“厚颜无耻”、“恬不知耻”、“奇耻大辱”、“令人汗颜”、“有耻且格”等；关于耻感的格言也是俯拾即是：“士可杀，不可辱”、“知耻近乎勇”、“三军可以夺帅，匹夫不可以夺志”、“宁为玉碎，不为瓦全”……这些鲜活的成语和格言正反映了中国耻感文化特有的价值。

“耻”字原为恥。在金文中写作，是个会意字。左面为耳，表示听；

屈原

引自冯戈《屈原》,《连环画报》2010年第9期。

右面为心,表示感受。在古人看来,耳朵和心都是人体非常敏感的器官,可用来分辨是非,所以,“耻”字本义有听到批评后内心感到羞愧之意。篆文仍承续金文字形,写作,而隶书将篆文的(心)讹变为“止”,写作,后来一直沿用至今。《说文解字》曰:“耻,辱也。从心,耳声”。明吴元满《六书总要》曰:“从心耳,会意,取闻过自愧之意。凡人心惭,则耳热面赤,是其验也。俗伪作耻”。段玉裁注:“辱,耻也。二篆为转注(即相互注释)”。

所谓“耻”,耻辱也,是人在外界事物刺激下产生的一种羞辱感。中国古人将这种心理感受加以发掘、升华,以此制约人的行为过程,并形成一种耻感文化。这种传统的耻感文化,主要是通过先秦儒家思想的传播而深入社会,并影响到每个中国人的日常行为方式。

一部《论语》,体现了儒家创始人孔子强烈的耻感思想。孔子认为君子首先要对自己的行为保持羞耻之心。子曰:“行已有耻,使于四方,不辱君命,可谓士也。”(《论语·子路》)即自己为人处事保持羞耻之心,无论出使什么地方,都能很好地完成君主的使命。这样的人可称得上是“士”了。所以,他很反感那种表里不一的行为。子日:“巧言、令色、足恭,左丘明耻之,丘亦耻之。匿怨而友其人,左丘明耻之,丘亦耻之。”(《论语·公冶长》)即表面上对人友好,又花言巧语并十分恭顺,而内心却藏着怨恨,这是很可耻的。孔子还对言过其实或言行脱节的行为感到不满。子日:“君子耻其言而过其行。”(《论语·宪问》)“古者言之不出,耻躬之不逮也”(《论语·里仁》)。

引自蔡志忠《蔡志忠漫画集》(《论语》篇),三联书店,1992年。

孔子“行己有耻”的主张,就是要求人对自己的行为应该怀有羞耻之心。一个人无论做什么事,凡自己认为可耻的,就自然不会去做。俗话说“人有脸,树有皮”,有羞耻之心,这是人不同于禽兽的主要标志之一;若丧失了耻辱心,一个人就到了无药可救的地步。《礼记·中庸》曰:“好学近乎知,力行近乎仁,知耻近乎勇”。其中,“知耻”居于最深层次,它对好学、力行乃至其他种种行为发挥着重要影响。“知耻近乎勇”,把耻和勇等同起来,意思是要人知道羞耻并勇于改过,这是一种值得推崇的品质。

历史上,许多志士仁人刚直不阿、坚贞不屈,其行为背后都有“行己有耻”、“知耻后勇”的思想动因。西晋的周处是“知耻而后勇”的典范。《晋书·周处传》载,周处年幼丧父,年少时轻狂放荡,蛮横强悍,成为乡里“三害”之一。后来，当他得知真相便深感耻辱，终于浪子回头，改过自新。此事广为流传，至今京剧中仍保留有《除三害》剧目。

知耻是保持"人"所具有的本质，使人免于丧失起码的人性的重要标志。可以说，没有耻感，便不是真正的人；而能够知耻，才可以成为一个真正的人。《礼记·内则》有曰，"将为不善，思贻父母羞辱，必不果。"作为父母之子，如果要去做坏事，但又想到这样会给自己父母带来羞辱，就一定不会去做。知道什么是耻辱，什么是荣耀，就能自觉规范自己的道德行为，趋荣避耻。一个人只有在知耻的前提下，才能战胜或克服内心的邪恶。所以，孟子指出："羞恶之心，义之端也。"(《孟子·公孙丑》)所谓"羞恶之心"，是对于自身不善而产生的羞耻心和憎恶感。中国古代有"志士不饮盗泉之水，廉者不食嗟来之食"的传统美德，这"不饮"、"不食"，就是因为有了羞耻之心而作出的行为选择。

荀子说："人不知羞耻，乃不能成人。"(《荀子·性恶》)知耻，既是仁人志士修身养性的重要法宝，有时也成了他们奋发向上的强大动力。司马迁由于替败降匈奴的李陵辩解，得罪汉武帝，被处宫刑，内心极其痛苦。因为这不仅使他身处囹圄，还要因此在名誉上蒙受奇耻大辱。为此，司马迁几次想要自杀。但是，为完成父亲嘱托的遗命，给后人留下一部信史——《史记》，他忍辱偷生，发愤著书。正是这种强烈的耻辱感，化为一种不可估量的精神力量，激励着司马迁终于在有生之年完成了他的使命。清代学者朱起凤年轻时在一家书院教书，因为没弄清"首施两端"和"首鼠两端"二词可通用，而错判了一个学生的作文，遭到他人的奚落。后来，他知耻而发愤努力，长期潜心于语言学研究，编成了300多万字的《辞通》，为汉语言文字的发展作出了重要贡献。

知耻与治国也有着相应的联系。对此，明末清初思想家顾炎武曾有精彩的论述。顾氏在《廉耻》一文中，首先以欧阳修的史论说明"廉耻，立人之大节"，并结合自己对明朝灭亡的深刻思考，得出了"士大夫之无耻是为国耻"的结论。他说："礼义治人之大法；廉耻立人之大节。盖不廉则无所不取，不耻则无所不为。从而无耻则祸败乱亡无所不至。况为大臣，而无所不取、无所不为，则天下其有不乱，国家其有不亡者乎？然四者之中，耻尤为要，故夫子之论士，曰‘行己有耻’……所以然者，人之不廉而至于悖礼义，其源皆生于无耻也，故士大夫之无耻，是为国耻。”说明士大夫知耻对于治理国家至关重要。

马克思说过：“羞耻本身已经是一种革命……羞耻是一种内向愤怒，如果整个国家真正感到羞耻，它就会像一只蜷伏的狮子，准备向前扑去。”（（《马克思恩格斯全集》第一卷，《摘自“德法年鉴”的书信》）在中国近代史上，当中华民族屡遭外敌侵略，蒙受国家屈辱之时，正是“勿忘国耻”四个字，成为了时代高昂的主旋律，终于促使被称为“东亚睡狮”的中国猛然惊醒。

对这一段耻辱的历史，我们每一个中国人都应时刻铭记在心！

“敬”业与乐群

中华民族历来有“敬业乐群”的传统。早在春秋时期，孔子就主张人在一生中应该要勤奋、刻苦，为事业尽心尽力。他说：“君子有九思：视思明，听思聪，色思温，貌思恭，言思忠，事思敬，疑思问，忿思难，见得思义。”（《论语·季氏》）所谓“貌思恭”，即对人要懂得恭敬而有礼；“事思敬”，即做事要懂得敬业，对每一份事业都需要全身心地投入。北宋理学家程颐更进一步说：“所谓敬者，主之一谓敬；所谓一者，无适（心不外向）之谓一。”（《河南程氏遗书》）可见，敬是指用一种恭敬的态度对待他人和自己的工作，严肃认真，一丝不苟。“敬业乐群”精神由来已久，它是我们中华民族的传统美德之一。

“敬”字在金文中有写作或，是一左右结构的会意字。西周青铜器铭文中有《蔡簋》：“敬夙夕，勿法朕命”；《师簋》：“敬夙夜，勿法朕命”。篆文承续金文字形，写作。“攴”（pū）在甲骨文作，上面（卜），权杖；下面（又），抓握，有以手执杖随时敲打之意。《说文解字》曰：“敬，肃也。从攴、苟”。朱芳圃认为：“敬”字从苟从攴，是一个会意字。牧人手持攴以警羊群。徐中舒认为：金文有作的，即犬字。像犬形。后来金文又加了个口字，成为一类的形体。口象犬的铃。攴像以棍击犬。后来的“警”字便从此而来。“敬”字由“苟”与“攴”二者结合，本义有警示犬、羊之意，后引申为对人对事恭敬。恭见于外表，敬发自内心。《礼记·曲礼》：“毋不敬何允。”郑玄注：“在貌为恭，在心为敬”。《释名·释言语》云：“敬，警也，恒自肃警也”。《逸周书·谥法》云：“夙夜警戒曰敬。”后又多有用来表示慎重、敬肃、不怠慢之意。

“敬”，后来成为儒家学说的一个基本范畴。一个“敬”字，除了敬天地、敬神祇、敬祖宗，更多是用来敬自己父母与师长，再后则成了做人的基本原则之一，可以引申为敬人、敬事、敬业等。做人应尊重他人，对人不卑不亢，谦恭有礼，平易近人；做事应严肃认真，勇于探索真理，不盲从权威；从业应专心致力于本职工作。这样才有可能取得成功。

《论语·乡党》详尽地记录了孔子在不同场合与人交接的恭敬态度。“乡人饮酒，杖者出，斯出矣。”乡亲们一起饮酒，当酒宴结束时，孔子总要让那些手拄拐杖的老人先走，尔后自己才走。“乡人傩，朝服而立于阼阶。”当乡里举行驱鬼仪式时，孔子一定穿着朝服，并恭敬地站在东面的台阶上。孔子如此遵守礼仪，对人恭敬，并不是有意地做给他人看，而是一种自我修养的自觉体现。

《周易·系辞》曰：“君子敬以直内，义以方外，敬义立而德不孤。”这句话可以理解为：君子以敬畏之心矫正内在的思想，又以道义来规范外在的行为。所谓“德不孤”，是指君子品德和言行能得到他人的共鸣，就不会感到孤单。这里，敬是立身之道，义是处事之道。这是就个人修养而言的。《礼记·学记》曰:"一年视离经辨志,三年视敬业乐群"。朱熹解:"敬业者,专心致志以事其业也;乐群者,乐于取益以辅其仁也。"这是从对事业的态度而论的。我们今天也常说:态度决定一切。

"主敬"是儒家仁爱思想的一个重要方面,仅《论语》中"敬"字就出现有二十多次。孔子及其弟子主张:"居处恭,执事敬,与人忠"(《子路》);"敬而无失,与人恭而有礼"(《颜渊》);"行己也恭,事上也敬"(《公冶长》);"貌思恭,事思敬"(《季氏》);"敬其事而后其食"(《卫灵公》);"祭思敬,丧思哀"《子张》);"敬事而信"(《论语·学而》)。孔子不光以此教育他的学生,而且在现实生活中又是认真去实施的。

朱熹
引自孙建华《漫步名人故地》,
中国社会科学出版社,2005年。

当孔子的学生子张问怎样才能使自己到处行得通,孔子回答:"言忠信,行笃敬,虽蛮貊之邦,行矣;言不忠信,行不笃敬,虽州里,行乎哉?"(《论语·卫灵公》)孔子强调的"言忠信,行笃敬",就是说话应诚实可信,做人做事要敦厚敬肃。它包括了一个人立身行事的主要方面,从总体上体现了儒家对人性的关怀。

古往今来,凡事业上有所成就者,大都具有"主敬"之心,即离不开敬业的精神。孟子曰:"天将降大任于斯人也,必先苦其心智,劳其筋骨,饿其体肤,空乏其身,行拂乱其所为,所以动心忍性,增益其所不能。"(《孟子·告子下》)意思是,干一番事业,必定要呕心沥血,甘于吃苦,勇于奉献,才能有所成就。用现代的话来讲,一是要有强烈的事业心和责任感,二是要有锲而不舍的毅力和韧劲。这两条的有机结合,即为"敬业"。

人生基于事业才有价值,事业的成功与否又取决于人们对于事业的态度。所谓敬业就是用一种严肃、认真、负责的态度对待自己的工作,勤勤恳恳，忠于职守，尽心尽责。敬业的意义，也不只限于正式的谋生职业，而是可以指生活中任何一件有价值的事情。当然，在特定的社会历史阶段，职业分工还存在“尊卑”之别，任劳任怨地“敬业”，也未必就能保证取得成功与获得尊重，但若对自己的职业怀有不敬之心，朝三暮四，则肯定难有作为。

与“敬业”相对，“乐群”其实就是贵和，即在人际交往中崇尚和气、和睦、友善的道德境界和文化氛围。各种社会道德规范的形成，都是以促进人际关系及社会的整体和谐为目的。我国古代就有“和羹之美，在于合异；上下之益，在能相济”（《三国志·夏侯玄传》）之说。“合异”首要的是合心。“上下同欲者胜”（《孙子·谋攻》），历来被军事家奉为治军之要。在这方面，诸葛亮一直被后人视为中华民族智慧的化身，大智大勇的代表，更是敬业乐群的楷模。

诸葛亮

引自闻君《中国文化探寻》，时事出版社，2007年。

一个人真正想要在事业上取得成功，首先要懂得敬业，但仅此还是不够的。在日常生活中，“敬业”而不能“乐群”的现象并不鲜见。一些处事能力较强的人，往往有自我表现的欲望，却不顾他人感受，多以自己习惯的思维方式处理问题。长此以往，就会令他人敬而远之。显然，当你光忙于事业，而忽略与身边同事的和谐相处，就很容易造成人际关系的紧张，其事业也难免会受到干扰和影响。

由此而言，“敬业”还要“乐群”，这是我们安身立命的基础。

记住一个“谅”字

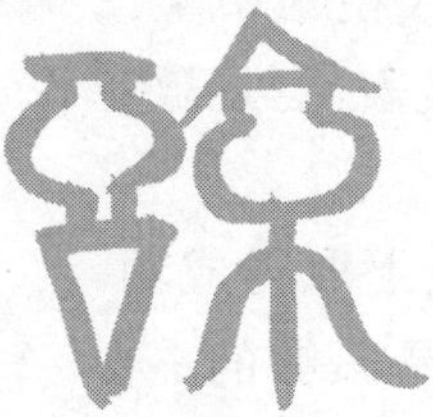

生活中，能谅解别人和被别人谅解，都是令人愉快的事情。谅解了别人，显示了你宽容的美德；被别人谅解，你同样也会感到自己心灵的释然。

早在两千年前，孔子有曰：“己所不欲，勿施于人。”（《论语·卫灵公》）意思是说，无论做什么事，都要推己及人，将心比心，以自己的感受去体会别人的感受，以自己的处境去设想别人的处境。这种推己及人的思想，不仅是人的情感的延伸扩展，也是思想道德的升华飞跃，已包含了理解他人，谅解他人的深刻含义。一千年前，唐代韩愈在《原毁》中说：“古之君子，其责己也重以周，其待人也轻以约。”强调做人要严于律己，宽以待人，同样体现了人际交往中的谅解精神。

“谅”字的繁体字为諒，甲骨文中未见。金文写作，即言，表示言说； 为京，既是声旁也是形旁。京字在甲骨文中已有出现，写作，像有塔楼的建筑，原为古代城墙上用于守望的高楼。作为一个后起的形声字，“谅”的造字本义是守望卫兵发出军情信号。篆文承续金文字形，写作。隶书作，将篆文的简化为。“谅”字本义既与军情信号相关，则必须真实可信，故西汉杨雄《方言一》云：“众信曰谅。”后许慎《说文解字》曰：“谅，信也。从言，京声”。

在古代典籍中，“谅”主要表示诚实、诚信之意。如孔子有“益者三友”之说，即“友直友谅友多闻。”(《论语·季氏》)郑玄注：“谅，信也”。《礼记·内则》：“朝夕学幼仪，请肄简谅。”孙希旦集解“请肄简谅，谓所请肄习者贵乎简要而诚实也”。《礼记·乐记》：“致乐以治心，则易、直、子、谅之心，油然生矣。”孔颖达疏：“则和易、正直、子爱、诚信之心油油然从内而生矣。”另有成语“匹夫小谅”，虽带有那么一点鄙意，但也表示诚信之意。其出处源于《论语·宪问》：“岂若匹夫匹妇之为谅也，自经于沟渎而莫之知也。”后以“匹夫小谅”指普通老百姓所抱守的小节小信。

与诚实、诚信义项相应，“谅”又有确实、委实之意。如郑玄《〈诗谱〉序》：“诗之兴也，谅不于上皇(伏羲)之世。”韩愈《南山》诗：“欲休谅不能，粗叙所经觏”。另“谅”还有料想之意。如谅必；谅可等。《京本通俗小说·冯玉梅团圆》：“承信到临安，自谅前事年远，无人推剥。”

人的自信与固执，二者有时颇难断然区分。这在“谅”字理解上也有所体现。司马迁在《悲士不遇赋》中感叹：“谅才韪而世戾”，其“谅”字就有自信之意，作者自信才质很高而世情不正，因而深感悲愤；而《论语·卫灵公》：“子曰：君子贞而不谅”，其“谅”字则是表示固执己见。何晏集解引孔安国曰：“君子之人正其道耳，言不必小信。”晋袁宏《三国名臣序赞》：“贞而不谅，通而能固。”朱熹《四书章句集注》：“君子固守正道，而不拘泥于小信”。

当然，“谅”还有一个我们后人用得最多也是最重要的义项，就是体谅、谅解。其实，在古代典籍中，“谅”字也时有表达这一意思的。最早如《诗

司马迁漫画

引自蔡志忠《蔡志忠漫画集》(《史记四公子》篇)，三联书店，1992 年。

经·鄘风·柏舟》："母也天只，不谅人只。"高亨注："谅，原谅"。后有唐李朝威《柳毅传》："谅其至冤。"北宋欧阳修《与刁景纯学士书》："某之愚诚，所守如此，然虽胥公，亦未必谅某此心也。"古文中又有"谅宥"、"谅察"、"见谅"等词，也都有原谅、体察的意思。

人非圣贤，孰能无过。懂得谅解，就是与人宽容，不过分计较得失。宽容他人，需要自己有度量。度量，原本是计量长短和容积的标准，后来人们用来比喻人的气量和胸襟。在历史上，有很多有度量的古人宽以待人的佳话，至今广泛流传。诸如：

管鲍之交。又称生死之交，起源于春秋时管仲和鲍叔牙之间深厚友谊的故事，最初见于《列子·力命》："生我者父母，知我者鲍子也。此世称管鲍善交也。"管仲和鲍叔牙之间的友情，是建立在双方互信的基础上的。管仲年轻时多有缺点，鲍叔牙知道他的难处和长处，便予以谅解并不时帮助他。

后来鲍叔牙辅助公子小白成为齐桓公，即举荐管仲为齐国国相，自己甘愿做他的下属。正是鲍叔牙的无私之举，促使了齐国的强大。今天，人们常用“管鲍之交”，来形容朋友之间亲密无间、彼此信任的关系。

绝缨尽欢。春秋时，楚庄王赐宴群臣，有一人乘烛灭之机，对庄王宠姬非礼，被对方扯下了帽缨。庄王对这一臣下的酒后失礼行为予以宽容，不加追究，并巧妙地为他遮丑，因而取得了该臣子的忠心，并换来了后来战场上的以死相报。故刘向《说苑》在这则故事后议论道：“贤王必怜人之困也，必哀人之穷也。如此则名号业矣，国士得矣”。

负荆请罪。战国时，蔺相如因“完璧归赵”得到赵王的重用，老将廉颇居功不服，多次羞辱他，蔺相如为了国家利益忍辱负重，多次避让。当廉颇知道真相后深受感动，脱了上衣，身背荆条，上门向蔺相如请罪。蔺相如没有计较过去的恩怨，原谅了廉颇，终于达成了名垂青史的“将相和”。河北邯郸因为蔺相如让路廉颇的史事，至今一直保留着“回车巷”。

负荆请罪

引自宋一夫《中华儒学精华画集·恕》，吉林文史出版社，1994年。

无论是古代，还是在现代，人和人相处难免有摩擦有矛盾乃至冲突，或许对方原本就是无意，或许对方有难言之隐而不得已。有时，当事者退一步天地自宽，也许会有意想不到的收获，因为谅解和宽容远比报复要好！报复别人的同时，自己也同样会受到伤害，所以“冤冤相报”的结果往往就是两败俱伤。

如何谅解和宽容他人？不妨重温《论语》中“以直报怨，以德报德”之说。当有弟子提问“以德报怨，何如”时，孔子这样回答:“何以报德? 以直报怨,以德报德。”(《论语·宪问》)意为如果他人有负于你,你可以用你的正直去对待这件事,而且要用感恩之心回馈那些给你恩惠的人。孔子主张拿公正来回答怨恨,拿恩德来酬报恩德,强调为人既要懂感恩又要讲原则。

在现代商品经济社会,物欲横流,人们似乎习惯于记恨而不懂得感恩,逐渐淡忘了一个“谅”字。“以直报怨”更多强调的是正确处理眼前的人事关系,但也并不是一味地否定过去。它既没有虚情假意之嫌,也没有斗争到底的固执,而是包含了对人的谅解和宽容,保留了人际关系可以继续交流的余地。与“以直报怨”相比,“以德报德”则不仅是一种美德,更是一种智慧。只要平时留意,日常生活中并不缺乏以德报德的情景。古人有“送我以木桃,报之以琼瑶”(《诗经·卫风·木瓜》)的佳话,我们常说“送人玫瑰,手有余香”,如此美妙的感觉,当然是需要用心去加以体验的。

记住一个“谅”字,每个人都会在生活中收获一份应有的快乐。

“悌”——兄弟之道，手足之情

在人类的血缘关系中，除了父母和儿女的亲情之外，最亲近的就是兄弟姐妹的关系了。可惜现在大多数家庭都是独生子女，他们虽从小得到父母的宠爱甚至溺爱，生活条件之优越亦与上一代人不可同日而语，但在家庭生活中，他们却感受不到一种特殊的温馨，即来自兄弟姐妹的亲情。兄弟姐妹本是同一父母所生，从小在一起长大，关系密切如同手足。所以人们一直很赞赏和向往这种血浓于水的情分。

对此，或许有人会感到不然。谁说骨肉情义深，现实生活中兄弟反目、姐妹成仇的事例不是随处可见吗？这又该作何解释呢？持这种看法的人可能不在少数，但他们所见都只是现象，而不知为何造成这种现象的原因。曾经一个时期，人们将传统的“孝悌”、“忠义”视为封建糟粕，彻底清扫。经过这一番清扫，回过头来，却发现丢失了许多宝贵的东西，最主要的是把人的思想搞乱了。如今，之所以发生那么多违背人伦道德的事，出现那么多不忠不孝的人，追根溯源，正是缺少了传统的“孝悌”精神。

有鉴于此，对今天的人特别是年轻人而言，很有必要补上这一课。

“悌”字作为一个合体字，篆文写作。在春秋战国之前，“悌”字较少见，可见的主要多在儒家典籍，如《论语》、《孝经》、《孟子》等。而“悌”字是从弟字引申而来的，所以，东汉刘熙《释名·释言语》曰：“悌，弟也”。唐陆德明《经典释文》引《左传·僖公十二年》“恺悌君子”，解释“悌”：“本亦作弟字”。清刘宝楠《论语正义》云：“悌即弟之俗体”。秦汉时期，悌与弟二字可通用，孝悌，也有写为孝弟。如《孟子·告子下》：“尧、舜之道，孝弟而已矣。”《汉书》载文帝诏曰：“初置孝弟力田二千石者一人。”

与“悌”相比，“弟”字显然出现较早。“弟”字甲骨文写作，是一会意字。其中是倒写的“弋”，为木柄武器；为绳索。造字本义是用绳索依次缠绕戈戟的木柄。金文作，将甲骨文的倒“弋”又回过来。篆文则承续金文字形，写作。《说文解字》云：“弟，韦束之次弟也。从古字之象。凡弟之属皆从弟”。“韦束之次弟”，即用牛皮缠绕物体的次序。段玉裁注：“韦束之次弟也。以韦束物……束之不一则有次弟也。引伸之为凡次弟之弟，为兄弟之弟，为豈弟之弟”。原来，“弟”字本义是取于束物之用，后用于人事，使得“弟”字有了人事有序的意思，即后来的悌字。又因人事是由近及远的，故从家庭血缘关系开始，引申到兄弟长幼有序的处世原则上来。

《说文解字》释“悌”曰：“悌，善兄弟也，从心，弟声。”从心，从弟，意为心中有弟，如同兄弟间彼此诚心相友爱；而弟又有“次第”之意，即有顺序的意味，因此所谓“善兄弟”者，即弟对兄当恭顺，而兄对弟亦当爱护，和睦的兄弟关系应是相互对应的。

许慎的这一解说主要是依据儒家的孝悌学说。儒家视“孝悌”为实现“仁”的前提，也是做人、做学问的根本。“君子务本，本立而道生。孝悌也者，其为仁之本与”（《论语·学而第一》）。“孝”指孝敬父母，“悌”主要指尊敬兄长，弟兄相亲，亦泛指敬重长上。《左传·昭公二十六年》中说：“兄爱而友，弟敬而顺”。孝与悌相联系，原是为适应古代家庭宗法制度提出来的。孔子说：“悌，德之序也。”（《孔子家语·弟子行》）他教弟子的第一件事就是：“入则孝，出则悌。”孟子在继承孔子伦理思想的基础上，确立了“父子有亲，君臣有义，夫妻有别，长幼有序，朋友有信”的五伦说，把孝悌作为五伦的核心。同时，他还强调孝悌是“仁”的最根本体现。即所谓“仁之实，事亲是也；义之实，从兄是也。”所以，《弟子规》的开篇即曰：“弟子规，圣人训；首孝悌，次谨信；泛众爱，而亲仁”。由此可见，孝悌在古代传统道德教育中所具有的重要意义。

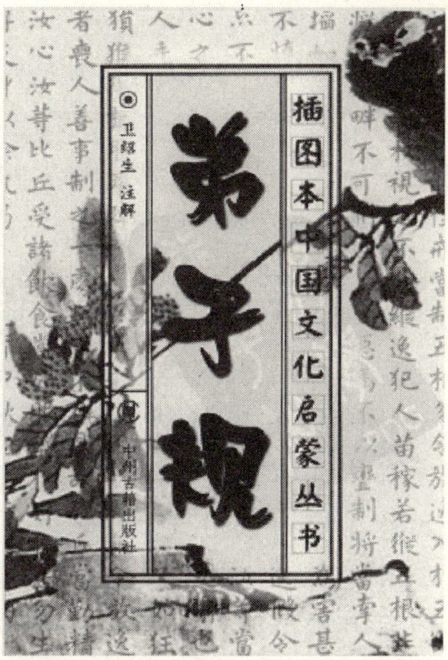

引自（清）李毓秀著，（清）贾有仁修订，卫绍生注释《弟子规》封面，中州古籍出版社，2006年。

古汉语中有与“悌”结合的词语，亦多是表示由兄弟情义引发的和乐之意。如恺悌：和乐平易。《左传·僖公十二年》：“诗曰：恺悌君子，神所劳也”；悌睦：友顺和睦。西晋皇甫谧《高士传·荀靖》：“阖门悌睦，隐身修学，动止合礼”；悌达：敬爱和顺。宋王谠《唐语林·补遗一》：“（和政公主）奉今上以悌达，事韦妃如所生，由是特为肃宗之所赏爱”；悌友：兄弟笃爱和睦。王勃《慈竹赋》：“如母子之钩带，似闺门之悌友”；悌顺：敬爱和顺。欧阳修《问进士策题五道》之四：“夫君臣之相和，父子之相爱，兄弟夫妇之相为悌顺，是文之本也”。

“悌”之所以受到儒家高度重视，是因为它能和睦兄弟关系，可用来维护宗法家庭内部的稳定，使之不发生破裂。“悌”就是要求兄友弟恭、兄爱弟敬。为兄者要友，为弟者要悌。“友”是指为人兄者对弟要友善、亲爱，要给予爱护和帮助。“悌”是指为人弟者待兄要尊敬、顺从。当然，这里也包含着尊卑贵贱的意识，在一定程度上强调了为人弟者对兄长的绝对服从，这是建立在不平等的宗法伦理基础上的。另外，“悌”只提兄弟，不及姐妹，也体现了儒家男尊女卑的思想。对此，应该予以必要的区别和扬弃。

在古代封建大家庭中，兄弟之间关系好坏会直接影响到整个家庭的安定，而家庭是社会的细胞，也是国家的基本单位。有了家庭的和睦，才能有社会的和谐。从现实意义上讲，同孝顺父母一样，兄弟关系保持和睦，也属于中华民族的道德传统之一。成语“孔怀兄弟”，出自《诗经·小雅·棠棣》一篇，其中有“死丧之畏，兄弟孔怀”的诗句。“孔怀”就是非常关怀的意思。兄弟之间的关系本是血缘关系，这是任何朋友关系不能相比的。故此，后世多用“孔怀”二字，指代兄弟之情。古人亦以手足比喻兄弟的亲密感情。如李华《吊古战场文》：“谁无兄弟，如足如手”。至亲者莫若骨肉，而手足之情，既长且久。这种手足的关系不仅不可分离，又是相协、相补、相助的关系。

曹植《七步诗》流传千古，“本自同根生，相煎何太急”一语，后来成了表示兄弟本为手足，不应互相猜忌与怨恨的成语。曹植的兄长曹丕虽贵为君王，但未尽其为兄之“悌”，反而为政治利益不顾亲情，迫害其弟，所以在民众心目中一直印象不佳，被指责千年。兄弟之道的原则是“兄友弟恭”：当兄长的要友爱、关心弟弟；做弟弟的要恭敬、尊重兄长。兄弟之间如能各尽其责，自然和睦友爱；如果谁将利益放在第一位，而把亲情放在第二位，不但有违兄弟之道，也有违尽孝之道，因为兄弟反目最痛心的当是父母，其次才是兄弟双方。所以《弟子规》中才说“兄道友，弟道恭；兄弟睦，孝在中”。

历史上，苏轼、苏辙兄弟的手足之情可称楷模。兄弟俩长期异地为官，经常以书信传递心意，来往诗文竟达几百篇之多。苏辙思念哥哥发自肺腑：“抚我则兄，诲我则师”；缅怀兄长言辞痛切：“手足之爱，平生一人，幼学无师，受业先君，兄敏我愚，赖以有闻，寒暑相从，逮壮而分”（《亡兄子瞻端明墓志铭》）。苏轼中秋怀念弟弟，有感而发，留下了千古名篇《水调歌头——中

苏轼
引自闻君《中国文化探寻》，时事出版社，2007年。

秋》，其中那浓浓的手足情义和由此而引发的怀念之情，令人感动，至今传诵。

历史翻过了新的一页，古代封建大家庭数代同堂的现象早已不复存在。当今社会多为独生子女家庭，对独生子女的教育以及性格的形成，相应出现了诸多问题。由于从小娇生惯养，使有些80后、90后变得十分跋扈，甚至有点霸道。他们以自我为中心，不懂谦让，更不知何为"孝悌"？所以也找不到真正的朋友，感到非常孤独。由此而言，在现代社会中，"悌"的思想更应推广。正如《论语·颜渊》所说："君子敬而无失，与人恭而有礼，四海之内皆兄弟也。"当人具有了"敬而无失"、"恭而有礼"的品格，就能找到真正的朋友——兄弟。